U0099189

離

開

或許才是

真幸福

————

蔡佳芬

Ch **1**

別被他人的眼光綁架

Ch 2

身為母親，我想對女兒說

Ch 3

好好地，去學習愛

Ch 4

給年輕女孩們

妳去讓痛苦值得

我還沒有忘記，分明是第一次見，就看出她褪色了。很暗很暗的一個人，陰天在不開燈的房間，拉上了窗簾。

認得出是大病了一場，我們總會認出我們的。是餘悸是忽然不說了，是怕生是被噁心了。還有一份氣若游絲是，虛弱地去一次又一次，被另一個人濺了髒水。李桐豪寫：「從今以後，只要能夠傷害你，讓你痛苦的事，我都會盡量去做。」那是傷透了，寫了就不會做了；能愛的人也能恨，就是不會壞。

認了她是朋友，幾個月以後吧，雜誌刊出來流言，口不擇言的留言。她沒在朋友面前哭訴，不像我喝了就弱了，受到的委屈不能忍。也沒有說過重話壞話吧，就是去打好幾場官司，把孩子和名聲要回來。

於是，我也時常忘記，她比我小那樣多。我在她那樣的年紀，

還弱不禁風。

在我忽然要找人顧孩子的時候，就她聽出了不對：「妳跟藍白拖怎麼了？」比我小那樣多，能知道婚姻裡，颱風就要進城。「善解人意」是很倖存的、殘忍的，被早熟了。

後來她遇到個男人，生了個孩子。搬進一間大房子，我經常過去喝她的酒。她還是一個樣子，看著我們很鬧。只是，她終於上色了，日子像是終於、開了暖氣。這本書很她，不會哭哭啼啼，就是語重心長。一個女人最後懂了，要有無論如何都會幸福的個性，再來才是或許、想要跟一個人在一起。相愛從來不是運氣，是選擇。

如果結婚是想要給人幸福，那麼離婚也是。給自己。

親愛的好學生難得錯了，訂正就好了。

不要落入社會價值觀建構的圈套裡

經歷了兩段婚姻後，才真正懂得，一段適合的緣分，是兩個人都是同樣的原石，或是有可能鑲嵌在一起的質地，才有機會慢慢去「磨」；越「磨」也就會越「合」，並在磨合之後，創造出一件精緻的首飾，在彼此的生命裡閃閃發光。而那些不適合的，即使一再碰撞、糾纏，也不過就是彼此消磨，越磨越失去自我、越磨越消耗人生。

身為一個女孩，從小到大，往往被整個社會中無形的規範要求著。完美主義的性格，也讓我在成長過程中，很常不小心落入「社會價值觀」建構的圈套裡。有一段時間，我總是嚴格要求自己，要當眾人眼中那個「很乖」、「很懂事」的模範生，拚命想做到最好，成為一個出色的女孩，讓身邊的人因為我而感到驕傲。

總希望自己在他人眼中的每一個形象都是完美的，也希望自己的人生是無瑕的。

這個社會常告訴女孩，什麼是「應該」；卻很少有人教導女孩，什麼是「適合」？那些悠悠眾口所描述的價值規範，總是要我們「注意別人的眼光」、「別讓自己或家人丟臉」。但，卻很少人告訴我們：「珍惜自己的心。」於是，在公開場合上，妳應該要表現出落落大方、進退得體；在男友面前，妳應該要看起來乖順可人、溫柔端莊；在婚姻關係裡，妳應該要扮演一個相夫教子、勤儉持家的好妻子與好母親。

在第一段婚姻裡，我以為自己遇到了理想的人生伴侶。但我並不知道，選擇的竟然是一段持續失落自我的人生道路。

認識我的朋友都知道，我重視生活的質感，也是個在情感上容易滿足的大女孩；屋子裡一點小小的巧思、變化，都能讓我感受到滿滿的喜悅。然而，前夫跟我之間，對生活的想像完全不同。他以節儉、務實為人生的重要指標，存款與房產的數字、工作成就的高低，才是他所在意的「正事」。而我偶爾在餐桌上換一些擺設，為一頓晚餐精心準備的那些小小的浪漫，在他

眼中成為華而不實、奢侈浪費的象徵。

一條桌巾、一個碗盤，都有可能成為爭吵的爆點。

結了婚、生下兩個孩子，加上高度的完美主義，我完全無法想像，這段關係有可能不適合。事實上，當時那個「很乖」的我、在婚姻裡面從來只認為自己「應該」做更多的我，很難意識到「不適合」這件事。我以為是我不夠好，我以為是我做得不夠多，我以為這一切只是婚姻中必要的磨合。即使不斷受挫以至於遍體鱗傷，我都還希望透過改變自己來「撥亂反正」。於是，磨啊磨，慢慢地磨成一個不像自己的樣子。

直到走不下去的那一天，我看著鏡子裡憔悴的自己，突然意識到——這幾年來，我並沒有在這段婚姻關係裡，認真地活出自己。我服從了每一個大家口中的「應該」，卻沒有聽從過自己的心。我並不快樂，但我以為那就是婚姻的常態。我壓抑自己，然後美化這種行為是「為愛犧牲」。

在這幾年的婚姻裡，我真的理解自己要什麼嗎？我有好好珍惜過自己嗎？一紙結婚證書，難道就意味著兩個不適合的人，應該要為那些無意義的流言蜚語、歹戲拖棚地糾纏一生嗎？

離婚，也不代表人生就此破碎；分手，更不代表永遠得不到幸福。

這一個領悟雖然慢，卻讓我整個人從迷惘中醒了過來。雖然不知道分離之後的人生會走向什麼道路，但我必須對自己誠實，把自己從不適合的人身邊帶走。雖然，離開這個村，不見得會找到下個店；放下一個錯的人，那一個對的人，也不見得會在遠方等妳。

但，如果明知道不適合，卻因為恐懼而不敢離開；明知道這段關係只剩下彼此消磨，卻因為擔心別人的評價，而不敢對自己誠實，那麼，妳就永遠活在別人的眼裡、別人的嘴裡。妳所選擇的，也就只能是一個沒有自我、由別人所塑造的樣板人生。

在第一段婚姻關係裡，我這個從小到大的乖乖牌，學到了最重要的一門課，就是「永遠對自己誠實」。結婚，不意味著妳所遇到的，一定是那個對的人；一紙婚約，不意味著妳有義務，跟一個不適合的人走到最後。

兩個生活態度、人生藍圖完全背道而馳的伴侶，若不是成為怨偶，就只能當最熟悉的陌生人。當妳懂得對自己誠實，而不是在壓抑中扭曲自我、自欺欺人，妳會慢慢看清自己要的是什麼，同時搞清楚自己是否能夠符合對方的期待。當妳對自己誠實，即使不小心在婚姻上跌了一跤，不代表妳沒機會重新開始。當妳讓那些不適合的遠去，騰出空間來給自己；其他可能與妳契合的對象，才有機會慢慢走入妳的生命。

Ch 1

別被他人的眼光綁架

作為一個女孩，
妳的生命有太多的「應該」

作為一個女孩，妳的生命有太多的「應該」。無論從幼年到成年、從校園到職場，乃至婚姻，隨著妳的角色轉變，妳總是不斷地被貼標籤。

當妳是個小女孩時，被告誡女生要溫柔端莊，最好穿洋裝玩娃娃。當妳成為少女，新聞出現一些女孩被侵犯的事件時，妳可能不只一次被告誡：「這些女孩一定是私生活不檢點，才會遇到這種事！」也可能不只一次聽見有人檢討被害人：「裙子穿太短，難怪被侵犯。」

網路上充滿了正義魔人，在名人離婚的事件中，圍剿那些渴望被愛的人妻──「太不知足了」、「結婚還想當公主啊」甚至，有些女孩離婚是因為丈夫外遇，但離婚後還得忍受輿論的指責：「是因為生不出來吧」、「身材走鐘，老公外遇要怪誰」……

於是，妳被迫追尋那些「好」的標籤。「好女孩」、「好妻子」、「好媳婦」、「好媽媽」……每個標籤裡面都是一套標準，都是一堆「應該」。

也因此，對長期生活在傳統規範下的女人們來說，「離婚」絕對是個艱難的決定。

很多女人即使在不適合的人身邊隱忍，仍然不敢提出離婚。一方面覺得自己什麼也沒有，害怕離開了會失去更多，日子會過得比現在更難；另一方面也擔心離了婚，會被貼上「婚姻失敗」、「歹命女」、「狠心媽媽」等這些「壞」標籤。

是的，我們從小到大的社會環境，潛移默化地塑造了每個女孩的心靈。

為丈夫孩子奉獻、做公婆稱讚的好媳婦，才是所謂的圓滿，才是人生勝利組；但無論為什麼離婚，一旦離婚，就如同一雙破鞋，是「什麼都沒有」的人生失敗組。

我也曾經在一段如同狂風暴雨的婚姻狀態中掙扎。其實，從婚姻一開始，我就已經察覺到很多問題，但明知我們不適合，卻還是因為非常多的擔憂而咬牙苦撐，腦海裡迴盪著「不和諧的原因，一定是我做錯了什麼」、「一定是我不夠好，所以我的婚姻才會千瘡百孔」，這類不斷檢討自己的聲音。從小到大都是乖女孩，最重視那些「好標籤」的我，為了想要扭轉關係，不斷壓縮自己，努力、努力、再努力……最後，只抓住一個婚姻的空殼。

後來在猶豫到底要不要放棄的時刻，心理上更是害怕：「萬一離婚，別人會怎麼看我？會不會被貼上失敗者的標籤？」、「萬一我選錯了道路，會不會最終過得更差？會不會最後後悔？」現狀真的很差，但面對離婚的不安，又讓我舉棋不定。

後來，我花了很大的力氣，才毅然決然地離開。那時我也才認清：這些擔憂與恐懼，源自於我始終想著他人的眼光，想著拿到這些「好標籤」，卻看不到自己真正的渴望。因為內心深處對於「好標籤」的在意，我無法接納關係破裂

後所帶來的不圓滿，無法接納婚姻失敗後的沮喪……更深刻地來說，其實是我無法接納，自己的人生竟然這麼「不完美」！

離開前任，熬過離婚後那一段自我否定的黑暗期後，我抖落了一身的標籤，同時放下了「失敗者心態」。而真正突破「失敗者心態」、不再害怕被貼標籤的關鍵點，其實正是「接納自己的不完美」。

就如同 Leonard Cohen 那句被我當成座右銘的話：「萬物皆有裂隙，那是光進來的地方。」

當我接納了自己，我才真正接納「失敗」的存在，更突破「失敗」的本身——

原來，一段關係的分開，不一定是誰做錯了什麼，只因為我們不是彼此生命中那個「對的人」。既然不適合，又何必為了他人的眼光，執著在破碎的關係裡，只為了對外營造出大家嘴巴裡的「完美人生」呢？

因此，我放下了，並昂首闊步往前走，真正學會享受一個人的時光。

離婚是一種選擇。
離婚後要怎麼面對自己，更是一種選擇。

妳可以決定要持續活在悲傷與自我厭棄中，但妳也可以在痛苦過後，選擇用另一種心態，來迎接妳嶄新的人生。我最終超越失敗者心態，不再用世俗的標籤自我鞭笞，找回了原本的自己，然後才驚訝地發現──原來，一個人也可以好好的；原來，一個人可以過得這麼好！

離婚的妳，只是脫下一雙不合腳的鞋，只是褪去一條充滿壓迫感的緊身衣，妳從沒有失敗。離開一段關係，一時之間可能有些遺憾，但請別忘了，妳終於擁有可以好好呼吸的權利。

然後，在我毫無預期的狀況下，另一個男人出現在我的面前。兩個自知不完美的人互相吸引、結合；也因為清楚彼

此的不完美，不會要求對方符合自己的標準，也更願意真誠地接納對方，共同經營一段平凡而溫馨的關係。

我想，這就是「當我內心足夠強大」之後，所帶來的力量吧！

最後，附上我最愛的家族治療大師薩提爾所寫的詩，祝福看見這本書的女孩們，可以從我的經驗中，找到使妳內心強大的力量──

當我內心足夠強大
你指責我，我感受到你的受傷
你討好我，我看到你需要認可
你超理智，我體會你的脆弱和害怕
你打岔，我懂得你如此渴望被看到

當我內心足夠強大
我不再防衛
所有力量在我們之間自由流動

委屈，沮喪，內疚，悲傷，憤怒，痛苦

當他們自由流淌

我在悲傷裡感到溫暖

在憤怒裡發現力量

在痛苦裡看到希望

當我內心足夠強大

我不再攻擊

我知道

當我不再傷害自己

便沒有人可以傷害我

我放下武器，敞開心

當我的心，柔軟起來

便在愛和慈悲裡

與你明亮而溫暖地相遇

原來，讓內心強大

我只需要，看到自己

接納我還不能做的

欣賞我已經做到的

並且相信，走過這個歷程

終究可以活出自己，綻放自己

三觀不合，
別想憑著一己之力去改善關係

在婚姻這條路上，我常常在想：一個女人，是不是一定要接受「這個社會定義」的婚姻模式？

幾年前，我結束了第一段婚姻。面對婚姻，我曾經是個完美主義者；也曾經和很多女孩一樣，在青春年少的時候，嚮往著嫁給王子，在婚姻中扮演所謂的「好太太」、「好媳婦」、「好媽媽」。那時候，我天真地以為，「關係」是一個人的努力就可以經營，只要我付出所有，就可以扭轉乾坤，把那所有不適合的統統「矯正」。

但努力到了最後，我發現：我們可以用激情與浪漫，維繫著男女朋友的親密感；但當兩人走入婚姻，從理性出發，去檢視彼此的「三觀」，就成為不可逃避的一件事。

三觀不合，即使想憑著一己之力去改善關係，最終也只是

逼迫自己，被塞入不合腳的鞋子裡；勉強去維護的，也只是一段歹戲拖棚、貌合神離的關係。

決定離開的那個時刻，我用盡全力，完整地搬出了那個家；不管對方用任何方法，或是刻意掀起滿城風雨，我再也沒想過回頭。生命太過短暫，我已經花了十年在憂鬱和困頓中掙扎；我還有多少個十年，可以讓自己在不適合的關係裡陷溺？

那時，我感覺自己不僅是告別了一段婚姻，同時也告別了過去那個「被傳統社會框架定型的女孩」。我告訴自己：我要好好地活，我要對自己誠實。無論是否能夠再找到其他的對象，無論整個社會如何將我的過去貼上標籤，我都要讓自己從身到心，徹底自由。

遇到現在的先生，重新看見一段感情，並不是我預料中的事。但，人生道路上最奇妙的就是：當妳總算看清自己是什麼樣的人，當妳決定不要繼續卡在錯的關係裡，拚命扭曲自我時，一個真正適合妳的人，才會走入妳的生命裡。

可惜的是，這個社會還是有許多人，用標籤不斷地定義一個離過婚的女人。

當我遇到現任丈夫，當我確定與他共同孕育了我們的寶寶時，我在粉絲專頁寫了一篇感性的文章，想和愛我的朋友們分享我的這份喜悅與希望。但我同時也對讀者們說，因為我在前段婚姻中所經歷的一切，讓我對於婚姻仍感覺到窒息與抗拒；而當時的我，對於婚姻的本質及關係經營這些事，還有不少困惑。在還沒有把自己釐清，並真正突破和釋懷之前，我並不渴望再次踏入婚姻。

當我把我的心情對另一半坦誠並溝通後，我們決定暫時放下那張結婚證書，畢竟兩人在一起，能夠好好生活、互相扶持才是最重要的。

有趣的是，這篇文章發布後幾天，一位在媒體上小有名氣的女醫師，在她常參與的談話性節目中，公開談論我的感情生活，還有暫時不考慮婚姻的事。她在評論中，認為我怎麼可能不想結婚？可能是因為之前新聞鬧很大，導致男

方不願意娶、不想負責任吧！

這件事情讓我印象深刻，但並不是因為被公開評論。我真正玩味的是：這位女醫師，其實有一定的社經地位，算是一位名望與才華兼備的女性，但從她說出來的話中，我卻感受到，在這個社會上，即使一位才貌雙全的女性，依然會認為另一位曾離過婚，並且被社會標籤化的女人，是不配擁有幸福的。

她以及她言談中所傳達的觀念，讓我很驚訝。難道，一個有過去的女人，未來的伴侶就一定會因為在意她的過去，而不願給予承諾？一個離過婚的女人，偶然遇到一個不錯的對象，就應該想都不想地進入婚姻？

更讓我嘆息的是，在這個社會上還有多少女孩，如這位女醫師一般身分地位具足，卻無法勇敢且自信地表示：我真的很美好，配得上一個好男人，值得擁有一份專注而真誠的感情！

從她的觀念出發，我們其實也可以更清晰地看見，這個社會上為什麼還有這麼多人害怕沒結婚，擔憂自己沒有人愛。基於對「自己一個人」的恐懼，盲目投入一段感情、盲目投入一段婚姻，並且在不適合的時候，用傳統道德觀來壓縮自己、逼迫自己去接納婚姻的框架，卻始終不敢對自己誠實。因為，一旦婚姻宣告結束，男人容易被原諒，女人卻相對容易被貼上「失敗者」的標籤，甚至受到更嚴厲的批評。

這位名嘴女醫師的話語，所彰顯的社會現實就是──當女人有過去的時候，連女人都要批評女人，連女人都無法原諒女人。

離開前一段不適合的關係後，我重新整理了自己。在新的生活中，我可以坦然而自在地做我自己，而且過得更好、更幸福。那麼，有過去那一段又如何？和其他對象結不結婚又如何呢？

每一滴傷心的淚水，最終都會帶來強大的力量。經歷過前

一段風雨，婚姻之於我而言，不過是一紙證書；社會定義下的婚姻模式，也不過就是他人嘴裡的框架。而一段親密關係的維持，從來不在他人的嘴裡，更不在那紙證書上。真正細水長流的要素，是兩人能否在愛中牽起彼此的手，再用理性去灌溉這份愛，最終才有可能開出美好的花、結出飽滿的果。

戀愛和婚姻的世界裡，
並沒有誰的資質比較好

我知道很多女孩，一旦進入感情當中，總是會希望一生只愛一個人，一進入婚姻就必須「執子之手，與子偕老」。

可能是浪漫細胞驅使，可能是完美主義作祟，但我覺得更多時候，這種「從一而終」的心理，是受到華人傳統價值觀的影響。女孩們總覺得，一旦經歷「分手」、「離婚」這些感情上的挫折，就意味著我們變得不完美、不純淨，是一種失敗的人生。

這樣的心情，讓很多女孩即使發現自己跟對方不適合，卻依然深陷在那段感情裡。一部分是因為舊情而捨不得對方，另一部分也會因為害怕分開之後的各種挫敗感、失落感、孤獨感，甚至是外在的閒言閒語，而繼續遷就、隱忍，遷就、隱忍到最後，卻不小心遺忘了原本的自己……

我也曾是其中之一。

在第一次進入婚姻前，我其實已經發現我們之間存在了很
多問題。這些問題包括了對方的人品、個性，都和我有很
大的落差；也包括，對方除了我之外還有其他的紅粉知己，
我一直知道自己並不是他的唯一。

但是，從小到大都是資優生的我，在感情這條路上，也一
樣用高標準看待，預先為自己設定了完美的結局。所以，
即使過程中發現了種種的不適合，卻沒有辦法果斷地離
開，仍然與這個錯的人踏入了婚姻。

事過境遷，我才發覺當時進入婚姻前，心中其實充滿了恐
懼。

——害怕這段感情沒有結果，因為全世界都知道我們在一
　起。
——害怕自己付出了這麼多，最後竟然以失敗收場。
——害怕離開了這個對象，再也找不到比他更好的人。

——害怕如果分開後，種種流言蜚語會把自己淹沒。

——害怕以後被其他人貼上標籤，讓自己再也無法進入其他的感情生活。

因為這麼多的害怕，局限了我的步伐，讓我沒有在婚前就選擇灑脫放手，依然帶著這許許多多的恐懼，踏入了這個名為「婚姻」的試煉場。

親愛的女孩，從就學到出社會，我們都經歷了許多大大小小的考試。但妳知道嗎？「婚姻」也是人生中一場巨大的試煉。這個婚姻考場，比妳之前所經歷的紙上談兵，還要來得更真實、更具體。每一張充滿生活情境題的測驗卷裡，檢驗的都不只是兩人的純純愛情，更測出兩個來自不同家庭背景的伴侶，彼此的人生觀、價值觀、金錢觀。更重要的是，在這所謂的「三觀」之上，它還考驗著一個人對於自我生命的整體態度——

妳知不知道自己要的是什麼？有沒有認真規畫過自己的人生？

我的第一場婚姻測驗，正因為只看到愛情和他人的感受，又太過擔心失敗，反而看不清這場婚姻測驗，真正要帶給我的生命課題。最終，獲得了一張鮮血淋漓、滿城風雨的成績單。

所以，女孩們，戀愛和婚姻的世界裡，並沒有誰的資質比較好、誰的成就比較高，誰就比較不容易犯錯。即使昔日在學業上，很少拿第一名以外的成績，我仍然在戀愛這條路上，因為自我要求和完美主義，對未來產生太多的擔心和恐懼，最後迷失了自己。

幸好，雖然在婚姻這場試煉中，妳有可能會撞牆，也有可能會絕望；有可能會迷路，也有可能會受傷。但，請相信我，只要妳願意，妳永遠有重新振作起來、再次找到方向的那一天。

沒有人說過，婚姻試煉妳始終必須跟同一個人待在一起；更沒有人說，妳不能和對方道別，甚至未來重新再考一次。決定權始終在妳自己，只要妳願意對自己誠實——承

認妳這一次不夠成熟，承認妳考得不如預期，然後勇敢去接納並承擔這個結果，妳才能讓自己從夢魘中醒來。

在這場婚姻測驗的過程中，妳還會遇到很多所謂的「過來人」，自以為是地教育妳。他們（很多還跟妳一樣是女性）會對妳說：「結婚後由不得妳任性」、「又不是嫁給別人做大小姐，本來就要去適應另一個家庭」、「妳不是去當公主，自己的脾氣要收斂一點」……這樣的聲音很多，我當時不敢跟前夫分開，有一部分也是害怕這些閒言閒語。就如同妳在面臨重要的大考時，擔心考不好而承受各種責備一樣。

但請妳一定要記得，這條路是妳一個人在走，箇中滋味也只有妳一個人在品嘗。沒有人可以預測，站在試煉場上妳和他，究竟能否在各種情境題的挑戰中，讓彼此單純的情愛得到淬鍊、昇華。有的人在歷練之後，更清楚自己要的是什麼，並決定放下彼此；有的人在磨合之後，找到可以繼續擁抱的角度，讓婚姻可以延續下去；但也有很多人，因為始終不清楚自己到底要什麼，不敢表達自己的心聲，

最後把自我壓縮進世俗的框架裡，成為眾人口中的「好媳婦」、「好妻子」、「好母親」。

親愛的女孩，有一天當妳踏入這婚姻考場，希望妳能夠明白：這場測驗其實沒有所謂的失敗。即使交了白卷、考了零分，即使寫錯了所有的題目，即使妳哭著離開了考場，都不代表妳沒機會重新開始。

最重要的是，在經歷了各種考驗之後，我由衷期盼妳成為一個懂得自己要什麼，並勇敢去追求的女人；而不是在別人的口水裡隨波逐流、自怨自艾，最後帶著遺憾，茫然過完餘生。

每一段關係，
其實都是妳跟自己的關係

經歷了第一段婚姻的苦澀，和第二段婚姻的回甘，我猜，
妳可能會問我：到底要怎麼選擇一段關係？

親愛的女孩，在回答這個問題之前，我希望妳了解一件事：
每一段關係，其實都是妳跟自己的關係。所以，重點不是
「要怎麼選擇一段關係」，而是「妳認不認識妳自己」、
「妳要怎麼理解妳自己」、「妳是否跟自己建立了良好的
關係」。

華人社會是一個高度重視「群體和諧」的社會。我相信在
妳成長的過程中，一定很多人告訴妳，女孩應該要有的各
種樣子——妳最好擁有天使的臉龐、魔鬼的身材，能夠出
得了廳堂、入得了廚房；妳的行為舉止必須溫柔端莊，說
話要輕聲細語；結了婚之後，妳更要能夠謙虛體諒，做男
人背後那個偉大的女人……好多好多的教條，告訴妳「好

女孩」的標準，卻很少人問妳喜歡自己是什麼面貌。

很多女孩在這樣潛移默化的影響下，慢慢把別人的看法，變成一個指標，然後用這些世俗的價值觀來看待自己。

於是，有的女孩化妝打扮，是為了讓身邊的人讚美自己、肯定自己，或是為了在社群網路上，獲得更多的關注。有的女孩在交了男友後，開始為男友的喜好改變自己，男友說喜歡女孩子穿洋裝、長髮，有女人味的樣子，女孩開始留起長髮，在衣櫃裡放入飄逸的洋裝。

然後，這些女孩結了婚，先生認為她們應該以家庭為重，於是她們放棄了升遷的機會，甚至辭去工作在家專心相夫教子；為了公婆和先生、孩子的胃口，她們慢慢忘記自己愛吃什麼菜，有些女孩為了避免婆家親戚議論，不但逢年過節必須在婆家忙碌，更不能隨心所欲地回娘家。

這些女孩，也常常遇到不能理解自己，無法體貼自己的另一半。要求妻子以夫家為重，平時與朋友外出需要經過先

生的同意；要求妻子要把工作薪水全數充公，拿來貼補家用；遇到各種不順心的事情，往往將怒氣發洩到妻子身上；當妻子與公婆有所衝突的時候，劈頭就責怪太太的不是……

親愛的女孩，我當然可以告訴妳，選擇一個好伴侶的一百種標準。但，如果妳心中總是把標準放在外在，妳不知道自己想要什麼，那麼，即使妳知道了一百種方法，妳終究會遇到一個無法珍惜妳的人。

當妳不清楚自己要的是什麼，妳當然不知道自己適合什麼樣的人。追根究柢來看，其實，是妳不清楚自己的本質，沒有辦法喜歡自己的本質，也就無法真正打從心底喜歡、珍惜自己，妳又怎麼選擇一個對自己來說，真正「對的人」？

我經歷了一段為了外在標準而壓抑自己的婚姻，才終於看清自己的本質，走入一段舒適自在的關係裡，深深體會到，那種「被迫」的人生，會讓一個女人的性格逐漸扭曲，

變成妳不喜歡的樣子。

所以，親愛的女孩們，與其問我「如何選擇一段關係」，不如先問問自己：「我的本質是什麼？」

本質，不是外在的容貌，而是妳內心最迷人的部分。有的人天真浪漫，有的人率性俐落，有的人單純可人，有的人聰明機智。如果妳的本質，是一個率性俐落的運動型女孩，喜歡穿著帆布鞋昂首闊步，那麼，妳又為何要依循世俗標準，硬是讓自己塞進窄裙和高跟鞋裡、扭扭捏捏地走路？如果妳的本質，是一個有想法、有主見的女孩，那麼，當妳進入婚姻之中，妳又何苦勉強自己，做一個唯唯諾諾的小女人？

重要的是，妳要喜歡並接納自己的本來面貌，並且了解到，妳無須為了誰的評價而扭曲自己。不論妳天生的性格是什麼，都請相信一件事——每個女孩的本質都是完美的，每個女孩都是值得被愛的。

當妳認清自己的本質，穿上最適合自己的衣著，並且活出最適合自己的人生，自然而然地，妳的自信、自主，還有妳的魅力，都會隨著時間慢慢顯現，那麼一段適合妳的關係，也將在適當的時候來到妳的面前。

當然，我並不是鼓勵妳做個恣意妄為、我行我素，不顧孩子、丈夫或家庭的女孩，更不希望妳因為驕傲任性、自我感覺良好，拒絕改變與成長。我只是希望妳知道，妳可以修飾自己的外在狀態，讓自己的皮膚與身材都更健康、美麗；妳也可以改變居家的布置，讓家裡的環境更舒適、生活更有質感。但這一切，是要源自於「妳自己喜歡」，所以妳願意變得更好，不是為了其他任何人的喜好，想要獲得他人的肯定，而勉強自己去配合、調整。

在還沒遇到那個人之前，先尋找自己吧！當妳真正看見自己的本質，並且真正愛上自己，那麼妳的自信，就會成為妳獨一無二的魅力。當妳由內而外散發自然魅力的時候，妳甚至不需要任何外在的華服與首飾，就可以散發出與眾不同的氣質。我也相信，到那個時候，那個活得自由自在

的妳，可能已經不在意是否一定要有伴侶的存在；那個珍
惜自己的妳，也永遠不會讓自己委屈、遷就於任何一段不
適合妳的關係。

輕視自己，
便會在他人的眼光下活得卑微

在寫這本書的過程中，媽媽群組裡流傳了一則悲傷的新聞。內容大概是一個媳婦，活在一段不適合的婚姻當中，無法忍受婆媳關係的折磨，在臉書留下沉痛的遺言後，結束了自己的生命。

她是一個媳婦，同時也是一個母親。究竟是多大的痛苦，讓她寧願捨下自己的孩子，選擇踏上無法挽回的道路？她的死亡，讓許多同為媳婦、妻子、母親的女性忍不住鼻酸，更有不少輿論開始瘋狂檢討「惡婆婆」與「媽寶老公」現象。

我不知道在眾多的新聞浪潮中，這則消息會被關注多久，等這本書完稿後，這則新聞還會不會被人記得。身在臺灣的我們都知道，媒體風向是一時的；但血淋淋的現實，卻潛藏在社會底層。媽寶老公之所以是媽寶，公婆之所以把

媳婦視為所有物；夫家之所以認為媳婦娶進家門就是夫家的人，婚後不能隨意回娘家；公婆之所以能夠任意干涉兒子的婚姻生活，甚至對兒子的妻子頤指氣使……這些都是傳統價值觀中，根深柢固的思維，是社會結構的問題，是集體思維的問題。

悲劇發生後，短時間內無數情緒化的指責，義憤填膺的批判，甚至對死者婆家、丈夫的人肉搜索，真的能讓「惡婆婆們」意識到自己的問題、真的能讓「媽寶老公們」變體貼嗎？光是檢討公婆和先生，我們能夠讓長期以來、深植人心的傳統婚姻觀念扭轉嗎？

答案很顯然，絕對不會。

因為一位媳婦的自盡，潛在的觀念問題浮上水面；社會大眾快速跟風，批判著「單一家庭」，卻忽略了整個臺灣社會，還有千千萬萬個家庭，每天都重複上演著同樣的戲碼。看似風平浪靜的婚姻生活裡，有太多女孩在先生的忽視、公婆的要求中，每天壓抑自責。為了維繫一段婚姻，

為了符合他人的期待，把自己擠壓成另一個人，成為他人眼中所謂的「賢慧的妻子」、「孝順的媳婦」與「慈愛的母親」。

作為一個三寶媽，看到這則新聞的時候，我正抱著懷裡稚嫩的小女兒，陪著即將進入青春期的大女兒寫作業。看著眼前的兩個小女孩兒，實在忍不住感到鼻酸——好好一個女孩，成了傳統婚姻觀念的犧牲品，就這麼再也睜不開眼睛了！

悲劇不能挽回，但活著的人究竟可以怎麼看待？比起責備死者的夫家，我更在意該怎麼教育兩個女兒，讓她們未來在結識伴侶、發展關係的時候，就能夠擁有一顆堅強、理智的心，而不是在悲劇發生後，才痛苦地抱著女兒哭泣？

經歷過兩段婚姻，對於悲劇女主角的處境，對於一個女人在遇人不淑時，那種求助無門的痛苦，我完全感同身受。也許很多人會說：有這麼嚴重嗎？老公和婆婆都是人，不過就是有情緒被唸一下，抗壓性這麼低嗎？不，這不是只

是「唸一下」，背後更多的是觀念的壓制，因為三觀不合而不受尊重。社會大眾很難想像，一個女人辛苦準備一頓飯菜，卻只因為多買了一個喜歡的碗盤，而被當眾數落的心情。

這種因為觀念而產生的暴力，充斥在婚姻生活中；各種自責和恐懼，曾經也箝制了我的想法和行動。即使我早已不是丈夫的唯一，即使他從來不把我當成一個獨立自主的女人，即使我在婚姻中早已失去自尊，我還是為了名聲、為了所謂的「家庭完整」而拚命忍耐。我當時的身心狀況也幾乎瀕臨崩潰邊緣。

正因為經歷過、逃離過，我更清楚覺悟到：身為一個女人，妳必須覺醒。永遠記得，這個世界上別人如何看待妳，取決於妳如何看待妳自己。當妳輕視自己，那麼無論身在何處，妳總是會在他人的眼光下活得卑微。

所以，親愛的女孩們，我鼓勵妳們去體驗各種感情，但一定要用一顆堅強、理智的頭腦，清醒地面對每一次親密關

係；在每一個經驗裡，看見妳把「自己」放在哪裡？好好認清，妳把「自己」當成了什麼？

妳覺得自己活著沒有存在感，那麼妳身邊的人就會把妳當作空氣；妳覺得自己不夠美麗，身邊的人也會對妳的外貌指指點點；當妳覺得自己只能依賴丈夫、沒有工作能力，身邊的人也就容易把妳當作米蟲。

因為妳缺乏自信之光，所以遇到不對的人，妳沒有堅強說「不」的勇氣。

因為妳不夠珍重自己，所以遇到衝突時，妳沒有善待自己、守護自己的勇氣。

妳可以善良，但不能無止盡的善良；當妳真的把「珍惜自己」放在人生的首要位置，妳就會知道，妳的善意必須建立在保護自己的前提之上。如果，有人利用妳的善良，對妳施加言語或情緒的暴力勒索，那麼，無所畏懼地拒絕，甚至義無反顧地轉身告別，也是妳必須擁有的力量。

妳曾經也是父母的寶貝，父母養育妳成年，並不是讓妳結婚後被人踐踏。應該遠離的時候，就勇敢地放手。雖然，過程中妳可能會受到許多人的苛責與否定；但，正是這個時候，請妳更要清晰明辨：誰，才是真正愛妳的人；誰，才是值得妳愛的人。相信我，道別的那段日子可能會很難過，但妳的世界絕不會因此瓦解。更甚者，當妳真正從暴風雨中走出來，妳才會意識到生命竟可以如此陽光燦爛、海闊天空。

別把自己困在「歹命」的悲傷裡

踏入社會之後，妳可能才會發現，自己沒有真正面對過「失敗」。更不會有人在知識學習之外認真告訴妳，如果不小心跌了一大跤，成為世俗定義的「失敗者」，妳該怎麼重新站起來？

在感情生活上尤其是如此。因為學校很少教，所以我們的愛情學分，常常是透過偶像劇、言情小說、童話故事來修。年輕女孩們也就很常被各種強調 happy ending 的劇本洗腦，認為愛情、婚姻無法延續，就意味著自己不值得被愛。

而社會上根深柢固的傳統價值觀，又很喜歡為女孩貼上不同程度的標籤：年紀比較大還沒有交往對象的被叫做「剩女」，還會被揣測是不是太過優秀、強勢導致「沒人愛」；分手或離婚的女人，很常被認為「不賢慧」、「不懂持家」，甚至有些還會被視為「不幸」、「厄運纏身」。
也因為這樣，我見過不少被丈夫言語暴力、家庭暴力，或

長期在公婆與夫家親族的壓迫下隱忍,卻無法鼓起勇氣掙脫的例子;還有一些是好不容易離婚,但心態上卻依然拚命譴責自己的女性。

Luna 就是一個例子。

我跟 Luna 是在旅遊時認識,她在我們下榻的飯店工作,那幾天負責接待我們;Luna 對每個住房旅客都很體貼,人又熱心健談,所以那幾天我也有一些跟她交流的機會。某天,她看著我為孩子們忙進忙出的畫面,忍不住嘆了口氣,對我說:「自從離婚後,我已經好久沒有見到孩子了!」

原來 Luna 在那年年初,主動跟長期對她言語暴力、情緒勒索的前夫離婚。在那之前,她已經隱忍了十年。這十年來,她為了丈夫、為了孩子、為了公婆,放棄自己三十歲以前原本在補習班當老師的工作,一頭栽進家庭裡。十年下來,一家人的三餐與所有家務都由她所包辦,但老公並沒有因此對她多一點尊重,還常嫌棄她什麼也不會,只知

道伸手要錢。

公公婆婆同在一個屋簷下，不但把她多年來的付出視為理所當然，還跟先生一起詆毀她、在孩子面前貶低她。

Luna 終於忍無可忍，提出了離婚。但因為她十年前為了家庭放棄工作，職場經驗一片空白，更沒有房產、積蓄，兒女的監護權也因此判給了丈夫。她雖然保有探視權，但離婚後為了養活自己，她努力找到飯店的服務工作；而飯店位於風景區，她只能離開家鄉和孩子，到異地生活。偶爾排休返鄉，前夫和他父母又用各種理由，千方百計阻攔她與孩子們見面……

年近四十，命運給她的卻是一段失敗的婚姻。雖然掙脫了束縛，她的心情卻仍陷溺在谷底。

Luna 的故事不是特例。臺灣社會看似開明，但其實很多婚姻與家庭內部，還存在著各種不合理的觀念與規範。特別是離婚這件事，對生活在華人社會氛圍下的女孩們來

說，是一個非常艱難的決定——無論為什麼離婚，一旦離婚，就彷彿是失敗者。從一而終，為丈夫孩子奉獻，做公婆稱讚的好媳婦，才是所謂的圓滿，才是人生勝利組；而離婚的女人，就如同一雙破鞋，是什麼都沒有的人生失敗組。

這種「失敗者心態」，讓很多女性在離婚之後，容易把自己困在「歹命」的悲傷情緒當中，陷入空虛茫然，不知該何去何從。

在我第一段婚姻的開始，其實就已經感覺到兩人相處的問題。但也是因為這種害怕失敗的焦慮感，讓我一直以為「一定是我不夠好，我的婚姻才會這麼糟糕」！猶豫要不要離婚的時候，心理上又一直退縮，總想著「離婚後別人會怎麼看我」、「萬一我選錯了道路，會不會後悔」？

即使現狀很差，當時的我還是一直逼迫自己要努力，直到最後，為了孩子也為了自己，決定放手一搏，我才意識到我所有的恐懼，都是因為眼光始終放在「別人」的身上，

看不到真實的自己。與其說無法接納關係破裂後的沮喪，不如說我真正無法接納的是自己的人生不完美！

熬過離婚前後那一段自我否定的黑暗期，我回想起來，自己真正突破失敗者心態的關鍵，其實是「接納自己的不完美」。

分開，不見得就是關係的破碎。離婚，也只是一種選擇。一段關係的分開，不是誰做錯了什麼，只因為我們不是彼此生命中那個「對的人」。既然不適合，又何必介意他人的眼光，執著在緊繃的關係裡，只為了對外營造出所謂「完美無瑕的圓滿人生」呢？

離婚的妳，只是脫下一雙不合腳的鞋，只是褪去一件充滿壓迫感的塑身衣，但妳從沒有失敗。離開一段關係，一時之間可能有些遺憾，但請別忘了，妳終於可以好好地呼吸。

就如前言所提，Leonard Cohen 的那句話：「萬物皆有

裂隙，那是光進來的地方。」那時，我還把它掛在 Line 上，變成我的座右銘。

親愛的女孩，失敗並不可怕，可怕的是我們對完美和圓滿的執念。

當妳接納生命的不完美，不再用失敗者心態鞭笞自己，妳會湧現一股力量，從世俗價值中的失敗泥濘裡站起來，撥開被風雨浸溼的頭髮，昂首闊步往前走。那時，妳也才能真正找回原本的自己，開始享受一個人的時光，過好一個人的生活。然後，妳會驚訝地發現——原來，一個人也可以好好的！原來，一個人可以這麼好！

沒人愛的女人，難道就無法自愛？

有個大家都不陌生的詞叫做「剩女」，指的是到達某個年齡，卻依然未婚的女性。「剩女」通常還會跟「大齡」綁在一起，顧名思義就是「年紀大卻還沒人要」的那些「剩下的女人」，不僅帶著嘲諷的意味，更有明顯的歧視。這彷彿形容廚餘桶裡剩菜殘渣般的調侃，在現今的臺灣，卻還是一個對女人常見的評價。

很少聽到人們稱大齡不婚的男子為「剩男」，如果他們剛好有足夠的經濟能力，說不定還會被定義為「黃金單身漢」。但倘若有個女人，有房有車卻沒有一個伴，或是能力卓越卻離了婚，那麼「難搞」、「高傲」、「不會顧家」、「強勢」、「讓男人抬不起頭」這類的揣測，就常常會像標籤一樣，黏在身上陰魂不散。

女人，好像到了年紀卻沒有婚姻，就是一種失敗。

也因為這樣，我發現許多女人，在跨越三十大關後，心裡面常興起一種「結婚欲」。有的會開始羨慕那些摟抱著嬰兒的夫妻，感嘆自己沒人愛，或是談過幾次戀愛，卻總遇不到對的人。這些心情，就如同彭佳慧那首〈大齡女子〉：

「因為倔強的緣故　　錯過緣分遇缺未補

不要束縛　　卻又被流年困住

櫃子裡的那一件　　最美的衣服　　它還在等　　能不能被在乎

女人啊

我們都曾經期待　　能嫁個好丈夫

愛得一塌糊塗　　也不要一個人作主

想像未來可以手牽著手的路

相信緣分人　　好像就不會那麼辛苦」

我每次聽到這首歌，都會想為什麼寧願愛得一塌糊塗，也不要一個人作主？相信緣分，難道就真的不會那麼辛苦？

如果一個女人，終其一生都沒有伴侶，那麼她的人生是否

就必然有遺憾？又是誰把婚姻、生子，當作女人一生必經的路？

這個社會講女權講了很久，但我卻看到很多以女權為名的變相逼迫——舊時代對女性最重要的訴求，就是把家庭照顧好，但是在這個轉型的時代裡，卻仍有很多以女權為旗幟的「偽女權」，不僅要女人擁有完整的家庭，結婚生子後要照顧孩子、丈夫、公婆，還得進一步留意身材外貌。彷彿，妳必須把自己打造成一個完美女人，才配擁有完美關係；妳必須身材曼妙、面容姣好、談吐優雅，才能掌握住男人的心。

這個觀念有個很難察覺的危險：一旦妳缺乏一個理想伴侶，一旦妳沒有一段完美關係，妳就是還不夠努力。妳的價值，會取決於妳的外在條件，也就是說，當妳有人愛，妳的奮鬥才具有意義。

但，親愛的妳：為什麼要有人愛，我們才有價值？沒人愛的女人，難道就無法自愛？

我的朋友 A 是一個身材圓潤的女性，她笑起來會瞇著眼，圓圓的臉上有可愛的酒窩，搭配她彎彎的眉毛，形成一個令人舒適的弧度。但從小比較豐腴的身材，加上並不出色的成績與才藝，她在求學歷程中累積了許多自卑感，使她不太懂得拒絕。出社會後的每一份工作，不是被主管當作工具人使用，就是被同事要求承擔更多的任務，有一段時間她常常為了不是自己的業務，忙到三更半夜。

那陣子，A 最常對我說的一句話就是：「好希望有個人能理解我，能幫我分擔一些壓力，聽我說說話也好。」

這份寂寞，在她年過三十後不斷催逼著她，她於是接受父母介紹的相親對象，是一位年紀較大卻從未有過戀愛經驗的科技業主管，兩人以結婚為前提，交往一年後結婚。但結了婚之後的 A，並沒有得到她渴望的被理解，更沒有因為誕育了一個女兒，而受到更多尊重。

她的日子更辛苦了！因為不懂得拒絕丈夫的要求，A 在女兒的出生後辭去工作，又承擔所有的家務，近年來甚至扛

起照顧年邁公婆的責任，不僅如此，還得在先生兄姊的孩子下課後，幫忙照顧他們吃晚餐與寫作業。而先生結束一天的工作回家，只想窩在沙發上滑手機、看電視，夫妻倆別說閒聊，連坐在一起安靜吃頓飯的機會都顯得奢侈。

這陣子，Ａ最常對我說的一句話是：「好想念一個人的日子，就算辛苦，也只是一個人的事。」

而我，已經很久沒看見她那單純而和煦的笑臉。

以下這段話，我想送給每個為了找到愛自己的人，而遍體鱗傷的妳——

妳可能以為現在單打獨鬥的辛苦，會在找到一個人陪伴後結束；妳可能以為一個人面對空蕩蕩的屋子，心中瀰漫的那股孤獨，會在另一個人進駐後被填滿——但我想讓妳知道，這其實是個美好的誤會。

我完全能夠理解，當妳一個人的時候，經歷各種挫折卻沒

有對象傾訴的感受。但如果妳的辛苦，源自於妳無法安排好屬於自己的每分每秒；妳的孤獨，來自於妳無法享受一個人的世界，那麼，這樣的妳，即使有另一個人進駐了妳的心房，這段關係最終仍會因為內心的空洞，讓兩個人雖然身體躺在一張床上，卻各自孤寂。

妳的存在，本身就是一個無價之寶。千萬別為了愛得一塌糊塗，放棄一個人作主。妳並不需要有人愛，才能證明妳活著的意義，妳自己就有能力給自己飽滿的愛。先懂得看見並欣賞自己的美好，妳才會擁有享受孤獨的能力，也才能不依附任何人，就把自己的日子過好。

把「自己」壓縮到「顧全大局」

2021 年，好多公眾人物的婚姻畫下了句點。趙麗穎與馮紹峰、福原愛與江宏傑、大 S 與汪小菲……其中，最具有震撼力的，恐怕就是接近年底時，王力宏與李靚蕾的離婚過程。原本以為只是常見的藝人離婚、和平分手，但就在媒體頻頻報導李靚蕾與王力宏母親的婆媳之爭時，李靚蕾在自己的 Instagram 上發表了一篇長文，陳述了離婚的原因，外界才知道這段才子佳人的婚姻中，竟然有這麼多不為人知的故事。

當時，李靚蕾寫下的五千字宣言，後續王力宏父親、王力宏的兩篇文字回應，都勾起了我很多回憶。一方面是不捨，一方面是深深的嘆息。

雖然事件爆發第一刻，我們看見了李靚蕾的堅強與勇敢，但同時我們也看見主流媒體在事情爆發之後，把焦點放在挖掘王力宏的私生活，網路輿論更是充斥著「不要惹高學

歷的女人」、「這女人真狠」的言論,這些其實都反映了我們這個社會對於婚姻裡的性別角色意識,還有很大的進步空間。所以,我很清楚知道,即使有一個「李靚蕾」勇敢地走了出來,世界上還有無數個「李靚蕾」,正在不對等的婚姻關係中,浮浮沉沉。

寫這本書的時候,剛好親眼見證著這個事件的爆發。我不知道後續所謂真相為何,畢竟多數的離婚總是不愉快。當熱潮褪去,還有多少人記得這些互相攻擊傷害中真正發人省思的地方。所以,我把李靚蕾文章的部分內容紀錄在這裡;比起王力宏的私生活究竟如何,我更關心的,是李靚蕾提出的兩性問題。她說:

「現代的女性不像從前的女性沒有教育的機會,在家庭中沒有選擇地只能擔任妻子和母親的角色。我們很幸運地有機會接受高等教育,有知識、學識,也有機會見識,也有謀生能力,也同樣能為社會貢獻,無論是過去或是現代的女性選擇為家庭全心付出當家庭主婦,雖然實質上是屬於無酬的工作。但,這只是家庭成員角色的分配,也是家中

重要的支撐，甚至是一個全年無休，24 小時多重角色（例如：保母／老師／打掃阿姨／司機／總管／伴侶／特助等工作）。這份工作的薪酬應該加總計算加上以妳的能力不外出工作的機會成本。這應是所有家庭主婦透過自己努力應得的薪酬，而不是被贈與或施捨的。被分配到這個角色的人不應該是理所應當要永遠沒有經濟能力或積蓄，而擔任在外工作的那一方獲得所有的利益和權利。這樣會形成不對等的關係，也會讓女性處於弱勢，即便男生出軌或家暴也難以有話語權。

我覺得這是我們這一代人需要一起省思的議題。我身邊的家庭主婦很多戶頭裡都沒有自己的積蓄或收入，平時用先生賺來的錢會感到不好意思，用錢也會自己看看先生的臉色，更絕不敢開口說想要照顧自己父母。女性如果開口聊到錢的話題就會被我們的社會譴責為市儈或被質疑是不是拜金女、只是圖男生的錢。對於長期都以家庭為重、沒有在外工作的女性，如果沒有做錯什麼卻因為男方無正當理由而被迫離婚，通常會不知所措。所以女孩們！一定要好好地防範於未然，我從來也沒有想過自己會經歷這些，妳

也許會跟我一樣覺得不可能，但未雨綢繆地為自己和孩子的將來做打算一定沒錯！」

正如李靚蕾所說，我們這一代的人，都該好好地省思。事實上，不只是男性或女性，在華人傳統婚姻與家庭關係中，都很容易因為各自的角色，以及這個角色所帶來的責任綑綁，慢慢忘記了「自己」原本的樣貌。而相較於男性，女性在婚姻裡又更容易被要求，要成為「自帶聖母光環」的犧牲奉獻者，在這樣的氛圍下，女性的「自我」往往快速被忙碌的生活蠶食殆盡。

有些人適應良好，重新找到生活的方向與意義；有些人，在彼此不適合的關係裡痛苦不堪，卻又因為各種原因，既無法跟對方溝通，也無法勇敢地分手。

很多人在李靚蕾的故事裡，會很訝異她明明是個優秀的女孩，為什麼忍這麼久，不早早離開。但，當妳真正經歷過這一切，妳會很清楚知道，即使真的遇人不淑，妳能不能灑脫地離去，跟學歷、背景，真的沒有關係。因為在婚姻

當中，女人總是有太多的軟肋。

在那些痛苦糾結、無法順利告別的婚姻關係裡，有的是因為經濟上的不對等，有的是因為無法談妥監護權，更有許多人是為了社會觀感，認為離婚是一種失敗，而拚命維繫家的完整，不願意接受「家庭破碎」的苦痛。

所以，能夠在關係角色當中，意識到「自己」的存在，真誠面對自己的理想與需求，與對方溝通、處理監護權與財產畫分，再去面對社會或親族的眼光，其實不是件容易的事。背後龐大的壓力，如果妳不夠堅定、不夠勇敢，根本扛不下來。

李靚蕾寫下這封血淋淋的自白書，用自己的親身經歷，讓我們藉由她的故事去思考——

無論在婚姻關係或是任何一段關係裡，「自己」都是一個重要的元素。

然而，我們的教育常常教導女孩們，怎麼在群體裡學著謙卑、忍耐，把「自己」壓縮到最低以「顧全大局」，很少有人教導我們，該如何在各種婚姻關係裡「活出自己」？

傳統文化觀念裡受到壓抑的是女性，但真正在僵硬文化中失落的人，不只是女性，而是每一個獨立思考的個體。

在進入「群體」的時候，我們的社會文化總在無形中，要我們扮演好一個特定角色，把「自我」塞進角色當中，發揮角色的社會功能。

這樣的社會氛圍下，我們往往先學會「服從」而不是「思考」。但「服從」帶來的其實是「對自我的壓抑」，而不是真正的理解、接納並磨合後，讓自我在群體中發揮真正的價值。

人生是自己在走，婚姻只是兩個相愛的人選擇牽手走過一段路；走著走著，如果發現彼此的目的地不同時，分道揚鑣也是一種選擇。如果我們只談「和諧」但避諱「爭吵」，

如果我們只希望「順從」而不敢「溝通」，那麼我們只會塑造出一個又一個壓抑的個體，而不是充滿愛的「人」。

當感情遇到瓶頸，關係無法維繫時，我們應該如何正視問題、好好與對方溝通？嘗試過了，發覺自己真的不適合，又該怎麼和平地分手？面對另一個人想要分開時，又該如何學習放手，然後好好地告別？

從李靚蕾的文章裡，除了看見他人以為的完美婚姻幻滅，更希望我自己和我們的社會，能夠在教導下一代時，好好告訴他們，怎麼解答上面這些關係難題。

也希望，我們在教導孩子如何面對關係時，能夠更加肯定「個人的幸福」，而不是一味地強調「整體的和諧」；同時，也不只教他們維繫關係的方法，更要教導我們的孩子，當關係不再，分手的時候，要怎麼說再見。

Ch 2

身為母親，我想對女兒說

一輩子，其實是很長的時間

親愛的女孩，有一天，妳可能會遇到一個吸引妳的人，讓妳奮不顧身地投入愛情。就如同年輕時候的我，總認為這輩子的愛戀，就是要「一生一次」，然後「一生一世」。那時，我們總以為愛就是一切，只要對方能夠愛我一輩子，那麼我就能夠為他飛蛾撲火般地捨棄一切。

年輕的我們並不懂，「一輩子」其實是很長很長的時間。在過了那個為愛瘋狂的年紀後，妳會慢慢發現：那樣為另一個人著迷的歲月，或許有愛的成分，但更多的也許是對自己的不理解。

那時為愛癡狂的我們，總認為自己是缺了角的月亮，於是常常不小心把少女心中對小說漫畫裡浪漫情節的幻想、對童話故事中王子公主美好結局的渴望，把那些對於愛情的憧憬和崇拜，誤以為是可以支撐我們一輩子的力量，甚至將對方想像成可以救贖自己的夢中情人，試圖用一雙編劇的手，為自己的生命寫下一段可歌可泣的故事。有些人更是在這樣的狀態裡走入婚姻，在婚姻中看清現實世界的面

貌後，再也看不見自己的真實容顏。

但妳知道嗎？愛情乃至婚姻，恐怕都不是幾句「我愛你、你愛我」這麼簡單。妳可能找到了一個吸引妳目光的人，但最終發現吸引妳目光的人，不見得是最適合妳的人；這也是為什麼，有時候我們聽到一些遠距離戀愛的伴侶，終於排除萬難生活在一起後，結局竟然是分手。

我曾經因為自以為懂愛，愛上了一個不屬於我的人，懷抱著浪漫的想像而走進婚姻。在那一段婚姻故事裡，女孩常常等待著男孩能如她一般，全心全意經營這段關係；她渴望他能夠在工作和金錢之外，能更重視家庭中情感的價值；她渴望他專情、肯定與陪伴，但卻一次次地失落。但女孩總是不服輸，超完美主義讓女孩無論傷得多重，都以為是自己做不好；她常常想：如果我更努力一點，他待我會不會有所不同？

女孩忘了問自己一個很重要的問題——這種傾注全力、用力過頭，甚至失去自我的愛，究竟能不能帶妳走到幸福的彼岸？

要知道，當妳許諾進入婚姻，妳所選擇的其實不是一個人，而是一種人生。

愛情，確實可以給我們這樣平凡人一雙翅膀，讓我們飛得很高，體驗不同於以往的經驗，感受超現實的自己。但「婚姻」的本質，卻不是超現實的人生，而是回歸「生活」——生活，是需要「落地」的。我們可以在戀愛時展翅飛翔，但我們卻必須在婚姻的柴米油鹽中回歸地表，一步一腳印地「過日子」。

後來，妳才會終於領悟，一段穩定的關係中，最重要的並不是每天的超現實愛情體驗，而是，妳能不能在這段關係中，過著一種充滿安全感、自在、舒心的日子。

曾在網路上看到一個流傳許久的故事：作者的母親是個重視生活品味的女人，連倒個垃圾都會注意自己的儀容。在她十二歲時父母離婚，主要的導火線是父親總愛在母親精心養護的蘭花盆中彈菸灰、扔菸頭，並且屢勸不聽。

當她母親毅然決然離開父親時，身邊的人很難理解她的決定：怎麼會有人要放棄一個英俊帥氣，又會賺錢的男人

呢？但，那些外人又怎麼能夠體會，母親所介意的那些關於父親的陋習？又或者大部分的人都覺得，男人對家中生活瑣事的粗疏有什麼關係？為了工作賺錢沒空陪伴孩子、不記得重要的日子，又有什麼大不了？

離婚後幾年，繼父出現在母親的生命中。這個溫和的男人，會為母親熱愛的植物挑選花盆，會為母親新買的桌巾配上新的餐具，還會牽著她的手在夕陽下散步，陪她欣賞那些不知名的花鳥蟲魚，更會記得他們之間的每個紀念日、節日，並且將生活過得很有質感、儀式感……在繼父與母親幸福的笑容中，作者終於理解母親離婚時所說的那句話：「一輩子太長了。」

飛鳥愛上一條魚並沒有錯，如果你們彼此欣賞各自獨立的面貌、在生活中彼此欣賞，同時也擁有獨立自由的意識，那麼，即使你是飛鳥我是魚，我們還是有可能共享一段穩定而舒適的關係。但在生活中，真正的問題往往在於：飛鳥不只是愛上一條魚，他更要求魚為了這份感情，離開她所處的湖泊、海洋；他無法欣賞她在水中悠游的姿態，反而要求她離水而居，甚至強迫她學習飛翔，並在她怎麼也學不會的時候，感到憤怒、失望，甚至貶低、斥責。

親愛的女孩，妳覺得飛鳥真正愛的是魚，還是他自己？在故事裡我們很清楚答案。但在現實上，太多不理解自己、不懂得拒絕，更看不清飛鳥從不愛她的魚兒們，依然不斷在關係裡改變、討好，最終在關係裡窒息。

一輩子真的很長，我們永遠有機會選擇，自己想要的是哪一種人生。當妳真正了解了自己想要的是什麼，把自己的生活打理好了，妳才不會變成那些為了抽象的愛情而盲目離水的魚。即使妳愛上的是一隻遨翔在天際的飛鳥，妳也能清楚自己在水中優雅的線條。同時，妳也會清楚知道，與妳步調一致、看向同一個方向，並尊重妳、珍惜妳真實樣貌的人，才是可以在生活中與妳攜手共度每一天的人。

妳不需要很完美，
但妳需要讓自己過得很幸福

在「成長」這條路上，並不是妳讀完書、拿到文憑，就等於完成了學業。成長這門課是永無止盡的，尤其當妳離開了相對單純的校園，進入龍蛇混雜的社會，妳可能開始經營妳的事業，可能找到一個伴侶，開始妳與他的親密關係，最後也有可能踏入婚姻生活，並在生了小孩後解鎖媽媽人生……

當妳正式走入「人生」這個教室，妳會發現學校中的教室其實很小很小，而真實人生所遭遇的各種困境，與妳在手機遊戲上所破的關卡、在教室裡抓頭思考的期末考卷，是完全不同級別的挑戰。陷入痛苦的時候，會覺得人生真的好難，過去在書本上所學到的一切知識，沒有一個可以解決當前的難題。有些時候，妳會覺得自己痛苦又無助，不知道該怎麼往前走，更不知道如果踏錯了一步，會不會粉身碎骨？

在學校裡面看到的那些很會考試、很會打怪破關的人，卻

很常解不開人生考卷中的難題，破不了人生試煉中的關
卡。

跟妳說個真實的故事：M 從外形和學歷上來看，是一個
非常典型的人生勝利組。臉蛋又小又白皙，透亮的皮膚上
有著大大的眼睛，搭配一頭柔柔亮亮的秀髮。跟我這個出
生普通家庭，從小又黑又胖的南臺灣小姑娘不同，她不只
容貌漂亮且家境優渥，從小還一路當模範生、高中念第一
志願，然後很順利考上臺大的熱門科系。系上前幾名畢業
後，無縫接軌進入科技研發產業，才工作一年就已經賺到
人生第一桶金。

看起來一帆風順的人生，卻在她年華正好的時候，畫下句
點。

那天，M 在家中自殺了。朋友們這才知道，她長期受憂
鬱症所苦。她母親是父親的小三，後來雖然扶正，卻對自
己的婚姻相當沒有安全感。她從小生活在富裕的環境，母
親卻擔心自己被另一個小三取代，總是牢牢握緊家中的一
切；她的甜美可愛、成績優秀，或許成為母親用來抓住父
親的工具，也養成她好強不服輸的性格。每一次的大考小

考，生活的諸多細節，她都不允許自己失誤。

大學時期追求者不少，但她卻步上母親的後塵，在好幾任感情中，都成為他人的第三者，在編織各種謊言與遮遮掩掩的親密關係裡，她掙扎痛苦了好多年。好不容易捨下一段讓她活在陰影中的戀情，正準備和另一個人走入正常婚姻的時候，前男友卻開始糾纏不清，甚至不惜在社群網站上公開她曾經作為小三的過去，她的未婚夫也因此開始懷疑她，是不是在交往期間，還跟其他男人藕斷絲連？

這個看似人生勝利組、他人眼中的完美女孩，就在生活被攪得一團亂後，失去了跌倒再站起來的勇氣，三十多歲就親手結束自己的生命。

這樣悲傷的故事，在社會上其實並不少見。

很多女孩即使外貌身材一流，內心卻有深深的自卑。可能是在原生家庭中沒有獲得足夠的安全感，也可能是與生俱來的高標準，讓她們不斷跟其他人比較，眼光總是往外看，拿外在的標準來拚命強迫自己。她們所表現給別人看的光鮮亮麗，或許只是遮掩了她們不敢看見的真實自我；

也因為她們不敢看自己真正的樣子，當然就無法欣賞真實的自己。

很多人把我也當作人生勝利組，但其實我從小就不是各方面頂尖的女孩。天生皮膚黑、骨架寬就算了，童年的我甚至很「肉感」。妳知道，骨架寬的女孩只要長點肉就會很顯壯，所以「黑黑胖胖」一直是從小到大，黏在我身上的形容詞。因為除了成績之外，沒有什麼可取的地方，當然也不會是異性目光的焦點。一直到了大學，開始學習化妝打扮之後，才慢慢變成現在的樣子。

即使擁有高學歷與令人羨慕的職業，我一樣在婚姻的道路上跌過很重的一跤，但我沒有因為那次的受傷，失去起身的力量。我覺得當時重新站起的力量，有一部分其實來自於學生時代那些不被別人看重的日子裡，讓我學習到怎麼看重自己。

所以說，長相或家世其實是很外在的條件，而一個人心理健康與否，和她的外在條件其實沒有直接關係；一個總是對自己挑剔的女孩，即使再漂亮、再優秀，她也只會看到自己不足的地方，永遠都在追求外在評價。

缺乏外表可以後天補強，家世不優可以靠自己努力，最重要的是裡面那個真實的妳——

妳一定有屬於妳的美麗之處，妳一定有屬於妳的優點。即使沒有人看見妳，妳也要懂得看見自己、欣賞自己、重視自己。

在人生這個教室裡，妳不需要很完美，但妳需要讓自己過得很幸福。而幸福這件事，從來就不在別人的眼光裡，在於妳要不要看見而已。一個懂得欣賞自己、懂得經營生活、將日子過得充實愉快的人，即使外在並沒有很好的條件，也一樣可以讓生命活成自己滿意的樣子。

不要把目光放在一時的委屈

如果人生是一場考試，那麼在這場考試當中，妳所遇到的每一個難關，都將不是單純的是非題或選擇題。

有些時候，妳遇到的可能是沒有標準答案的複選題，妳根本不知道選擇之後，會產生什麼樣的結果；有的時候，妳遇到的問題會是更複雜的申論題，不但沒有標準答案，連閱卷者都很可能用各自的立場來看待妳。在不同的眼光下，每個人都有每個人的見解，每個人都會帶著主觀的評價來看待妳，在這種情況下，「真相」反而變得不重要，是非對錯也在眾口鑠金下，變得很模糊。妳不一定能夠找到理解妳的人，甚至有可能被誤會、被扭曲、被否定，甚至被惡意地批評。

就像是玩一場棋牌遊戲，妳可能在某一局中抽到一手好牌，但也有可能抽到了一手爛牌。抽到好牌相當幸運，但人生殘酷的事實，是我們想要的那些牌，往往一開始不會來到我們的身邊；因為抽到爛牌而感覺委屈和不平衡，反而是生活在現實世界的常態。

然而，懂得這些棋牌遊戲的人都知道，有時候決定勝負的關鍵，不完全取決於抽到的牌面，更重要的是在看清自己的牌面之後，妳如何去面對這一切。試著接納手上現有的牌，並從各種牌面上學習布局、學習取捨，也要學習觀察對手，同時學習在整個出牌過程中，步步為營、沉著以對。

當人生的賽局尚未走到最後，一時的成功與失敗，從來就不代表最終的結果。

前陣子，女兒在學校和同學因為誤會而起了爭執，校方還因此約我到學校面談。我聽女兒說完前因後果之後，到了學校，跟校長致歉。

然而，已經進入青春期的女兒，卻因此充滿情緒。她一直覺得只是誤會，卻被處罰，這種有口難言的感受，讓她覺得委屈。知道我到學校後，不但沒有替她爭個是非黑白，反而道歉，更讓她以為媽媽不支持她、沒有站在她這一邊。

回家之後，我聽她說了她的委屈，也讓她發洩完情緒之後，很認真、嚴肅地問她：「妳有沒有看過媽媽之前的新

聞？是不是都有看完呢？」

她說有，但她不太明白我提這件事做什麼？
我要她仔細想想：「妳覺得當這些新聞爆出來的當下，媽媽當時的心情、想法、狀態可能是什麼？」

她回答：「很生氣，也很慘。」

我繼續問她：「那妳覺得，媽媽現在過得好不好？」

她說很好。

我點點頭，摟著她的肩膀說：「常常這世界社會的審判權，會掌握在別人手裡。我們可能覺得自己受了委屈、被曲解，會因此覺得憤憤不平，但我身為妳媽媽，在那個當下，我只能選擇保護妳的方式，讓妳的學習歷程，不要因為一時的誤會，而留下不好的紀錄。」

面對這類的話題，我向來把她當作一個成人來對話。看她靜靜地聽，好像逐步冷靜思考，我繼續說：

「一時的輸贏跟吃虧，會讓我們很憤怒、很生氣，但這都只是『一時的』。重要的是，妳從這件事裡面，學到了什麼？然後，好好去調整自己的腳步，把眼光看向未來。

「媽媽當年也曾經很荒唐，跟妳爸爸在婚姻這件事情上，處理得很糟。在很低潮很低潮的時候，我慶幸自己有你們兩個孩子。我就想『我不能輸在這裡』、『我不能在這裡一蹶不振』，就算犯錯了，我也想從這裡面去改正自己，想讓你們最終能看到對的榜樣。也因為這樣，我真的沒有被打垮，反而從最低的谷底站起來，然後，就像妳現在所看到的，我成長很多。

「所以，不要把目光放在一時的委屈裡，只要妳一直調整自己，走在對的方向上，那麼，在未來的人生道路上，我們一定能有好的結果。」

那晚，我深深擁抱她。希望她能夠感受到：我其實一直信任她，也支持她。她的許多心境，媽媽曾經千百倍地經歷過；所以，也希望我的小女孩，將來在人生中遇到更難的考題時，可以想想媽媽。因為她所經歷的這一切，媽媽都懂。

同時，我也想藉由這件事，讓我的女兒們，還有許許多多閱讀這本書的女孩們知道——

人生總是有這麼多的坎。離開母親、踏入社會，妳的道路永遠不會處處平坦。有的人拿了一手好牌，最後卻滿盤皆輸；有的人拿了一手爛牌，卻因為持續正向地努力與堅持，不斷直面挑戰、修正自己，最終逆轉情勢，打出一場漂亮的牌局。

一個人內心深處真正的堅強，並不一定要表現在對外張牙舞爪。當妳用拍桌叫囂的方式，捍衛自己的權利，反而容易落人話柄。真正的強者懂得在逆境中穩住自己，汲取每一次的教訓，沉著面對往後人生的每一步。

願我們都能夠在每一次不同的人生體驗中，長成更加美麗、堅強且成熟的自己。

善意不見得會被善解

親愛的女孩，有一天當妳長大，離開家、出社會之後，妳會發現：妳不一定總是會被善解。

說起來無奈，但這是社會的現實。我從不想對妳隱藏，更不想欺騙妳，讓妳離開學校之後還天真以為，世界上每一個人都應該待妳和善，跟妳的家人一般愛護妳。

不，不是的。這個社會是一個大染缸，有些人可能會時常保持善意，有些人甚至會成為妳一輩子的至交好友。但不可否認的是，這個社會上有很多人可能會因為自己的利益問題、感情因素，在妳背後捏造不實的謠言，甚至在妳的同事、親友面前攻擊妳，讓妳背負不明不白的黑鍋。

還有一種人，他們不見得跟妳有任何利益上的往來或情感上的交流，他們甚至與妳素未謀面，只是喜歡在網路上嘲諷、批評他人。在網路的世界裡，每個人都可以躲在鍵盤後面，戴一張面具創造出輿論，對他人進行言語霸凌。這種人，被稱為「酸民」。

他們不了解妳，但他們卻可以把自己的惡意潑向妳。因為他們以為，用這種酸妳的方式，可以強化他們的自我價值感。

在跟前夫走到離婚的那個時期，我們的關係在媒體上曝光。那些好事的記者，像是很了解我一樣，不斷把它們挖掘出來，但其實是有人刻意操縱的「真相」，拿來大作文章。這個世界突然湧出了一堆正義魔人，在鍵盤上毫不掩飾自己的輕視、嘲諷，用很多尖銳的言詞攻擊我。

那是我生命最灰暗的一段時光，我像是跌到了充滿泥濘的谷底。每天打開電視、電腦、手機，對我來說都是一種折磨。每一句謾罵都像是爛泥般砸向我，彷彿，只有我這個人消失了，才能平息那些紛紛擾擾。

但最後，我選擇從一池泥淖中爬起；然後靠自己的雙腳，一步步走出谷底。

妳問我怎麼做到的？很多時候，要不要讓自己深深陷溺在谷底，只在妳的一念之間。當我差點在泥濘中窒息的時候，我試著讓自己完全靜下來，回到「我自己」本身——

我是誰？我真實的面貌是什麼樣的？我的人生要往哪裡走？我的生命想怎麼活？

然後，我發現，那些只看記者的片面資訊，就對我惡意批評的人，他們從來沒有認識過我，他們更不知道真實的我是什麼樣的人。他們只是把智商交給記者，跟著媒體的言論起舞，然後藉由攻擊來滿足自己；在對我潑髒水的過程中，為他們的內在建立自我優越感。

佛洛伊德在《防禦性神經精神病》中，列出 28 種心理防衛機制，其中「攻擊性防衛機制」意味著藉由轉移（displacement）與投射（projection）的方式，來發洩自己的不安與憤怒，以增加自我肯定。

所以，親愛的女孩，妳知道嗎？他們並不在乎「真相」是什麼，他們更不在乎我是誰。很多人對於另一個人的否定、攻擊，其實是源自於他們對自己的不滿。那些批評與攻擊的背後，是為了掩飾他們內在的匱乏，遺憾自己永遠沒有機會成為那個理想的自己。

那麼，我為什麼要活在這些人的嘴巴裡？為什麼我要為這

些不負責任的言論，賠上我的人生？我沒有義務要承擔他們的口水，我更沒有必要配合一群不了解我、不了解真相的人，耽誤我寶貴的人生。

當我知道我是誰，我的人生就應該由自己掌握。

親愛的女孩，就像我前面說的，這個社會從來不是童話世界。我期許妳永遠保持善念，但要清楚知道社會的現實；不要誤以為秉持一顆良善的心，妳就永遠不會遇到挫折和磨難。挫折與磨難是人生中必然出現的事，當它們出現在妳的生命中，把妳推到谷底的時候，別忘了我今天對妳說的話——

妳可以難過一陣子，但在徹底的難過之後，記得不要一直逃避。藉由這個痛苦的過程，好好看見自己。我常覺得人在逆境的時候，更能夠釐清自己真正在乎的是什麼。跌倒並不可怕，因為這個痛苦，將成為妳看見自己的契機。

希望妳知道妳是誰，永遠不要放棄自己。面對生命，妳可以懷抱著美好的理想，但妳的每一步要走得務實，妳才有可能面對各種挑戰；妳可以很柔軟，但妳也要足夠堅強，

妳才有能力面對各種難關。

希望妳在保持善意的基礎上，還能夠看清所謂的現實，然後在每一次的跌倒後，學習用一顆堅定的心，愛自己、信任自己，走出屬於自己的路。

當「愛自己」變得氾濫，
我們更要懂得這份「愛」

有人說，談戀愛，是從青澀少女轉變為成熟女人的過程。

我這裡說的轉變，並不是指經過性關係之後的成熟，而是在經歷相戀、交往、磨合或是失戀的過程之後，女孩們慢慢看見自己、認清對方，明白愛情與現實的真相之後，看清愛情或婚姻只不過是人生的一小部分，而不是生命的全部，進而學會珍惜自己、守護自己，過好自己的人生——這是一種心境上的成熟。

但不是每個女孩都能在愛情學院裡順利畢業。很多女孩，即使談了再多戀愛，甚至進入了婚姻，都還在扮演著等待救援的公主。她們並沒有從愛情這門課裡面，學會真正的成熟。於是她們尋尋覓覓、分分合合，始終在等待一個「對的人」出現，可以把她們從高塔中拯救出來，給予她們想要的生活。

某天遇到一位朋友，同樣自己創業的我們，天南地北地聊

起女人話題。聊天過程中，她跟我談起她的姊姊。我們姑且稱呼這位姊姊叫 Cara 吧！ Cara 婚後辭掉先前小職員的工作，一心想依靠先生的收入生活。雖然丈夫的工作是小公司主管，兩人也還沒有孩子，但光靠丈夫每個月的收入，再扣除房貸、保險，生活依然吃緊。可是，Cara 相當重視自己的打扮和行頭，每個月花在美容美髮、衣服包包的開銷不小，累積的卡費已經超過先生可以支付的能力，但 Cara 仍然不願意外出工作，認為先生娶了她，本來就應該要負擔她每天的生活開銷，兩夫妻在每個月繳卡費的日子，總是吵到不可開交。

Cara 近期甚至好幾次跟創業中的妹妹，也就是我這位朋友借款。老朋友嘆了口氣說：「前陣子她想買個包包和首飾，問我能不能贊助她三萬？還說因為我命好，嫁到好老公，有人贊助我創業，我才可以有今天，而她從小為家裡付出這麼多，上天仍然不眷顧她，嫁得不好，讓她沒法過自己想要的生活。」

「妳有問她怎麼不試著找工作嗎？」

「有啊！但她總是有很多藉口。一下子說之前上班時，老

閣給她太多工作、同事排擠她；一下子說前陣子面試的祕書工作，對方要求她要有外語能力，沒有的話只能做行政專員，待遇就不會比祕書好⋯⋯總之，她並不想靠自己的雙手，只想逼另一半去努力，為她創造好的生活。」朋友深深嘆了一口氣。

我常在寫作的時候，鼓勵大家要懂得「愛自己」，才能遇到所謂「對的人」。但是這個「愛自己」，也很容易被誤解為：每天花錢把自己打扮得美美的，長期依賴著伴侶的照顧，只要伴侶不能滿足自己的期望，就認為對方不是那個「對的人」，並陷入不斷地比較和批評當中，總覺得自己過得不夠好，是因為伴侶不爭氣。

所以，親愛的女孩們，當「愛自己」這個詞彙變得氾濫的時候，我們更要懂得這份「愛」，是本質上的重視自己、珍惜自己。而真正的成熟，並不是世故，是在戀愛與婚姻中看見「自己」的面貌。

「愛自己」不能被當作女孩們不肯獨立的藉口，「愛自己」也從來不是要妳在經濟拮据的時候，硬要用名貴的首飾或奢華的晚餐來填補內心的空洞。妳以為這樣的行為是愛自

己，但其實是妳沒有真正長大。

當妳的心態始終依賴著他人的供養，那麼即使年齡增長，妳依然是個老公主，並沒有真正成熟。當妳心態尚沒有真正的成熟，那麼嘴巴上說的「愛自己」，也不過是逃避現實人生的藉口。

如果妳想要穿上有質感的衣服，背著好的包包，和閨密們一起悠閒地逛街喝下午茶，那麼妳可以從現在開始盤點妳的財務狀況，然後好好評估自己的時間。當妳擁有青春的時候，不妨把心思花在學習理財與時間管理，好好充實自己的內、外條件。凡努力過，必定會累積。那些妳投注的心力，將來都會變成妳的資產。當妳經濟自由，妳能夠運用自己賺的錢，買自己想要的東西，過自己想要的生活，不需要依附任何人，妳也才能夠成為一個獨立的個體。

當妳真正愛上自己，妳就越能看清自己是誰，就越不會迷失於戀愛或婚姻的夢幻泡泡中，更不會跟隨別人的觀點隨波逐流，用別人嘴裡的標準，來定義自己的人生。當妳夠愛自己，妳會越懂得把目光聚焦在妳的真實人生，用心經營妳的每一天，讓自己活得精彩。

到了那一天，妳會發現，妳想要的一切，可以靠自己的力量去累積，可以用自己的能力去獲取。那時，妳就不會只是坐在高塔上等待著王子的公主，更不是期待神仙教母降臨的灰姑娘，而是妳生命中最霸氣的女王。

妳的努力，
決定了妳可以接住什麼樣的機會

我是在經歷了前一段婚姻的風波之後，才開始慢慢學著寫 Facebook 粉專，透過文章，分享自己在兩段截然不同的關係中，獲得的寶貴體悟，也把自己跌倒再站起來的心得、創業的心得、育兒的心得，一點一滴紀錄下來。有些年輕女孩看到我的文章，會問我：「要怎樣才能擁有一份喜歡的事業，同時又擁有一份值得的感情？」

這個問題可以有很多答案。有些人可能還沒搞清楚狀況，就會開酸：「不就是運氣好？」這類酸言酸語，在我的身邊從來不缺，但我並沒有被這些言論影響。因為我很清楚知道，即使是機會、即使是運氣，很多時候都不是憑空掉下來。為什麼有些人總是有比較多的機會？為什麼有些人總是能夠擁有比較多的貴人、比較好的緣分？我們認真去分析，其實不難找到蛛絲馬跡。

試著想想看，如果妳的理想是成為一間跨國企業的主管，但妳既沒有好的外語能力，又不具備相關產業的資歷，更

沒有深厚的專業背景……那麼，妳投出的履歷，是否能在眾多履歷中被人所看見？即使妳真的在投履歷時，靠運氣獲得面試機會，但真正進入面試場，面試官請妳用外語對答，外語能力不足的妳，又怎麼可能獲得這份工作機會？

同樣的概念，如果妳設定的理想對象，是一個能力優秀的社會菁英、高階主管。而妳很幸運地在朋友的介紹下，來到一個菁英雲集的聯誼場合，身邊出現許多優質的對象。但妳既沒有足夠的氣質，也沒有充滿內涵的談吐，更拿不出豐富的知識或專業，那麼即使在各種不同的場合裡，獲得不只一次「相遇」的機會，也不見得能夠吸引到理想對象的目光。

很多事情都不是憑空而來，運氣也許占據了一部分的因素，但如果天上飛來一個機會，就這麼憑空掉到妳面前，也要妳剛好有足夠的實力，才有能力去承接。

如果妳一心想要創業，這時，出現了一個非常好的投資者，但妳卻連基本的創業計畫、構想，都還沒搞清楚，那機會就只會從身邊白白地溜走。

如果妳很希望遇到一個正面、積極，條件很好的對象，但妳卻始終讓自己處在自暴自棄的狀態裡，妳沒有認真修飾自己的儀容，更不願意在心靈上成長，只想要像灰姑娘一樣，等待突然出現的神仙教母，魔法棒「咻」一下，就讓妳突然變成一個公主。那麼，當理想的王子站在妳面前，妳有什麼特質能讓他真正看見妳的與眾不同？

在人生這條道路上，「活出自己」是一件很重要的事，但女孩們可別誤會，我所謂的「活出自己」，並不是不修邊幅、任性妄為，只想收穫而從不付出的公主病心態。我鼓勵女孩保有自己的獨特性，妳不需要去模仿別人，但這不代表妳應該把「活出自己」、「愛自己」，變成不願努力的藉口。

一個人想要有「機會」，那麼就要準備好相對的「實力」，當「機會」這顆變化球投過來時，才有可能穩穩地接住。

而實力是怎麼來的？是「選擇」與「努力」造就的。

妳的努力，決定了妳可以接住什麼樣的機會；妳的選擇，決定了妳可以過什麼樣的人生；甚至，當妳有足夠的實力，

妳還可以創造更多的機會，讓自己的生命擁有更多選擇權。

當妳的外語能力夠好，妳就有可能選擇更多的外商公司；當妳的專業背景足夠、資歷完整，那麼妳就有機會被公司安排接觸更多的大客戶，出席更多不同的會議，認識更多給妳機會的人。

當妳兼具知性與個性，同時也具有一定程度的內涵和談吐，妳自然更有機會受邀參加和妳同質性朋友的聚會，自然有機會與思想觀念較為一致的朋友深交。那麼，遇到理想對象的可能性，就會大大地提高。

有的時候，好的機會、好的緣分無法強求，需要耐心等待。但在等待的過程中，我們可以用心地準備好自己。

儲備實力這件事，就像存款一樣，總是一點一滴地存起來。最初那個「存」的過程，看起來很緩慢，妳可能會花費很多時間、金錢和體力。但就是這個時候，如果耐心蹲馬步、打基礎，未來當妳一旦實力存款豐厚，就可以進一步做更大的投資，而妳的實力將會以倍率方式成長，並在

各種機會到來時，看到顯著的成果。

我見過好多女孩，在儲備實力的那個階段，因為蹲馬步的過程比較辛苦、煎熬，又很難看到快速的成果，所以很快就決定要放棄。

「唉呦，我不適合啦！」她們往往這麼說，然後繼續抱怨世界的不公平，機會總是給了那些幸運兒。但實際上，只要熬過那段「存」的過程，一旦累積了，那些東西就會是妳的，誰也拿不走。

如果妳現在還沒有適合的對象、喜愛的事業，那都沒有關係。問題是，妳是一邊抱怨自己的環境不好，但是又懶得花時間去進修、學習？還是因為知道自己實力還不夠，選擇好好學習時間管理，運用零碎的時間，儲備自己各方面的能力？妳是一邊自怨自艾自己的身材、長相不好，卻放任自己每天吃垃圾食物，導致身材臃腫、皮膚蠟黃？還是選擇從現在開始保養皮膚、運動健身，擁有更健康的體態和有彈性的皮膚？

聰明的女孩，存錢可能會被妳不小心花掉，但「存實力」

卻可以讓妳受用一輩子。這些能力不僅未來都是妳手上的籌碼，而且妳儲備實力的過程，其實就是在拉高自己的水平，妳所經歷的、接觸的人事物，他們的範圍和層次，會慢慢隨著妳的前進而提升，機會也就會隨著妳的成長不斷增加。

所以，好好選擇吧！選擇那些可以讓妳提升和成長的道路！付出努力，去培養自己的實力、投資自己的未來。

這樣一旦機會來臨，妳也才會有足夠的實力去把握。甚至，當妳的「實力存款」雄厚，妳根本不需要等機會來臨，就能夠隨時為自己開拓機會、創造更多的選擇。

別讓服從社會框架的「乖女孩」面具，
遮住了真實的樣子

作為一個女孩，這個社會常常希望妳「很乖」。

妳得從原生家庭「乖」到上學，在從學生時代「乖」到出社會，再一路「乖」到結婚生子。我身邊的好多女孩，包括曾經的我自己，都一直在追求這個「好乖」、「好懂事喔」的讚美。

但這個「乖」和「懂事」的項目是很固定的，妳像是個模範生一樣，去滿足那些社會訂下的規矩和標準。妳必須有氣質又愛念書，必須安靜不吵鬧；必須穿著保守不隨便，否則一旦受到侵犯，社會上很多人會責怪妳不檢點。甚至進入婚姻裡，即使妳有滿腹才華，公婆也只希望妳好好相夫教子，配合夫家的各種傳統。

那種感覺，就像妳的人生原本該是一張白紙，大可以自由揮灑自己的色彩。但這個社會卻已經有一套「好女孩著色本」，裡面已經幫妳畫好了輪廓，還限定妳每個格子該塗

什麼顏色，滿滿的指導原則，讓很多女孩追求這些「好學生」典範時，同時也恐懼犯錯、害怕失敗。

我認識的女孩 F，寫完碩士論文時結了婚，先生比她大六歲。因為對於學術工作非常有興趣，F 婚後一邊忙著學位論文考試，一邊準備著即將到來的博士班入學考。但令她驚訝的是，原本對她念書沒什麼意見的先生，這次卻跟公婆一起投下反對票，希望她不要報考博士班，找個普通的工作就好，原因很簡單：他們覺得她應該養好身體，才能準備生孩子。

不僅如此，婆婆甚至當著她的面，用看似關心她的口吻。對她說：「讀了這麼多書，卻把身體搞壞了，有什麼用呢？女孩子家，嫁人做媳婦，只要聽話、懂事，就很得人疼，不用在外面跟人家辛苦拚學歷，那是男人在做的事。」

還沒進入婚姻的時候，F 以為這種言論早已過時，卻沒有想到自己進入婚姻現場之後，卻真真實實經歷了這樣的困境。原來，在這個看似開明的社會裡，婚姻世界卻仍然保有許多傳統。就如同從結婚以來，公婆雖然頗為照顧她，言談之間常常把 F 當作一個「嫁進來的所有物」，認為她

理所當然就應該要照著傳統規範來做，配合夫家所有的習慣。

以前覺得如果女人在婚姻中無法自主，大可以瀟灑地離去，但身歷其境之後，F 卻很猶豫。

該怎麼為了「自己想要的生活」，跟公婆抗爭？
該怎麼跟先生討論「女人不是夫家所有物」的概念？

在這些的問題背後，其實還隱藏了一個深層的恐懼。因為無論是學業或是生活，F 一直以來都是一個模範生，是大人眼中的乖寶寶。過去跟先生交往的時候，她就已經是個完美女友，如果公婆沒有干涉她的理想，她恐怕還會變身為神力女超人，努力在學術工作之餘，扮演好超完美嬌妻。

但，如果「超完美嬌妻」這個角色，和自己的夢想發生衝突的時候，該怎麼辦？

回想過去，F 發現自己早已察覺到，先生在家庭觀念上其實非常保守，但從小到大都是優等生的她，卻像是盡力去

滿足對方的期待一樣，婚前就已經讓自己符合了對方對好女孩的期待，甚至當婆婆說她「乖」、「懂事」的時候，暗自得意。

所以，F 很害怕去承認這段婚姻的問題。因為，從小就是個好女孩的她，潛意識裡覺得，如果公婆認為她不是一個好媳婦，那麼她就像是犯了錯，要好好去改進。習慣了聽話的她，有時候被公婆施壓，或是被丈夫否定的時候，太多的包袱讓她根本不知道該怎麼說出真實的感受，也不知道該如何跳脫出「乖」的社會框架，她總是選擇一直努力，想做得更好、更好。

輾轉聽到 F 的故事後，實在是心有戚戚焉。我曾經也是這樣一個一直懷疑自己真實的感受，只想要「努力修復一切」的乖女孩啊！

但在第一段婚姻走到風雲變色，我自己被眾多媒體被刻意扭曲，真相變得模糊不清之後，我終於領悟到——我不可以再任由那個服從於社會框架的「乖女孩」面具，遮住了我真實的樣子。

真實的我，是個對生活有理想、對事業有企圖、想要主宰自己命運的女人。而這樣的女人，只能做自己生命的主人，不該是他人的附屬品。

從那時起，我才真正告別了從前那個老想當模範生的自己。也因為不去在意自己到底有沒有符合社會框架，所以這些年我不再害怕網路上的酸言酸語，反而更專注於我想做的事。「璞之妍」診所越來越穩定，而我也有越來越多時間，過自己想要的生活，當一個不被他人眼光綁架的快樂女人。

我走出來了，但 F 目前還在婚姻中掙扎。其實不只是 F，我們的社會上，有太多太多「乖」女孩，都還在這個框架裡掙扎。因為在很小很小的時候，我們就已經被教導，要認同這個社會幫我們畫下的「好女孩著色本」，無論妳多麼優秀、聰慧，妳依然無形當中受限於那些已經設定好的圖象，有的人甚至因為過度想要做到好，失去了屬於自己的絢爛色彩。

更嚴重的是，當這些「乖」女孩面對來自權威者的施暴、侵犯時，很常受制於對方的權威而不敢拒絕。意外發生的

時候，還有可能因為施暴者的威脅，或是恐懼社會的眼光，不敢告訴其他人，任由施暴者持續傷害，身心受到嚴重的創傷。

這類新聞並不罕見，而我每次看到新聞裡，受害的女孩們說：「他都直接叫我過去，叫我不要跟別人說」、「我嘗試過逃走，也想要告訴別人，但是我真的很害怕」……這些說法，都讓已經身為母親的我，非常心疼。

是怎麼樣的恐懼，讓女孩們失去了「勇敢說不」的勇氣？

又是怎麼樣的規範，讓女孩們總是傻傻地受制於權威？

自己實際走過了一輪，我由衷希望每一個讀到這本書的女孩，不要總是那麼「聽話」，把社會上所有束縛女孩的價值觀，都照單全收。無論是妳的身體，或是妳的生活，包括妳的未來、妳的理想，這些都應該是由妳自己做決定，而不是受制於他人。

比起乖巧，妳更該學會好好認識自己，學著去判斷什麼樣的生活，才是自己真正想要的。

比起服從，妳更該學會判斷是非對錯，更要培養「說出真實感受」的能力，別因為在乎他人的評價，而放棄生命的自主權。

比起聽話，妳更該理解到的是，勇敢表達自己之後，即使跌得一身是傷，妳至少為自己爭取過，而不是任由他人擺布，一生總是為別人而活。

所有的傷都會痊癒，所以不要害怕因為展現真實的自己而受傷。妳人生的畫布不會因為一點墨水而毀掉，因為它本該充滿豐富而絢爛的色彩。當妳永遠不放棄活出自己，朝向真正想要的人生道路邁進，那麼，每一次的經驗，都只是為妳的人生畫布，增加更多美麗的顏色，創作出最美好的作品。

Ch 3

好好地，去學習愛

「對的人」真的存在嗎？

在戀愛這條路上，我們很常在女性雜誌或是網站上，看到「對的人」這個詞彙。電視網路上氾濫的童話故事、言情小說、文藝偶像劇，對「另一半靈魂」的傳誦，總讓我們不停追尋。彷彿在茫茫人海中，會有一個「對的人」，出現在我們的世界，成為我們的命中注定。

有的女孩不斷尋找，但總是一次次受傷、一次次失望；有的女孩很害怕過了這個村，就沒了這個店，不知道下一個會不會更好，所以寧願在一個不適合的人身邊，扭曲自己的喜好與性格，只為了換來他多一點真心。就這麼戀愛、付出、分手……跌跌撞撞，不斷循環，卻總是不斷落空。

妳也在尋找「對的人」嗎？不只一個年輕女孩問過我：到底要怎麼遇到那個「對的人」？那個「對的人」真的存在嗎？

有句老話說：相愛容易相處難。坦白說，當一個女人經歷過戀愛、分手、婚姻、離婚，接著又再次進入婚姻，就很能夠感受到「生活」對感情的試煉。

談感情的最開始，妳像是進入唯美的泡泡世界，但當兩人相處的時間久了，泡泡慢慢破滅；每一對回歸現實的伴侶，總要面對各種日常瑣事的考驗。

有時候，分別的理由並不是誰不好，而是他想要的生活模式，妳配合不了；妳想要的愛情，他給不了；有時候，分開的原因並不是誰對誰錯，而是你們開始意識到，你們的思維並不在同一個世界，你們的眼光並沒有看向同一個方向。

所以，年輕的女孩們，到底有沒有「對的人」？「有」，但也「沒有」。

妳可能覺得這個答案根本在唬弄妳。但親愛的，在找那個「對」的人之前，先認真問問自己：我自己呢？我是不是

已經是一個「對」的人？

妳希望能找到一個有品味的對象，那麼，妳自己是一個穿著打扮、舉止談吐都優雅的女人嗎？妳希望自己的伴侶有理想與目標，那麼，妳自己是一個高塔上消極等待救援的公主，還是一個認真充實自己的女孩？妳希望找到一個修養好又體貼的伴侶，那麼，妳是不是一個足夠理性，懂得自己要什麼的女人呢？

剛出社會的年輕女孩，可能著迷於愛情的泡沫，而忽略了隨之而來的現實衝擊；但當妳有了一定程度的閱歷，就要慢慢理解到，與其等待一個「對」的人出現在生命裡，不如好好調整自己，讓自己處在一個高質感、高頻率的狀態，那麼，妳所吸引而來的，就會是一個與妳頻率相當的對象。

妳可能會繼續問我：那麼，要怎麼成為一個高頻率的女人呢？

這裡是我給年輕女孩的三個建議：

第一：享受孤獨，但不是忍受孤獨。

我曾經在粉專上分享過，某一天我問大叔：身為一個黃金單身漢，為什麼會想要跟我這樣一個曾經離過婚、生過兩個孩子的女人交往呢？而且，為了跟我在一起，甚至甘願放棄單身，並把兩個大孩子視如己出、照顧得無微不至？

大叔的答案是：「因為妳把自己打理得很好。」

所謂「把自己打理得很好」，表面來說指的是外在條件，妳不一定是最美豔動人的那一個，但妳可以讓自己保持乾淨與清爽。更深入地來說，其實是心態的問題。

即使離開了前一段婚姻，我也從來沒有讓自己看起來邋遢頹廢，因為我認知到離婚不是一種失敗，在那一段婚姻的歷練之後，我更懂得自己要的是什麼，所以更知道怎麼善待自己。

孤獨，對我來說反而是一種享受，而不是一種折磨，也因此更能夠把自己內外都打理好。

我特別喜歡《后翼棄兵》這部影集裡，主角 Harmon 回憶母親對她說過的話：「世界上最強的女人，並不是她們多麼有錢、多麼有能力，而是她們適應孤獨的能力。」

無論身邊有沒有伴，高頻率的女人都很清楚自己想走的路。有伴很好，但沒伴的時候，就把自己的生活過好。當妳真正把生活過好了，妳的心靈會更加充實飽滿，「孤獨」不過就只是與自己相處的時光；而一個懂得與自己相處的女人，即使孤獨也不會寂寞，更不會因為害怕孤獨，隨便找個人屈就。

第二：保持經濟實力，不放棄提升自己。

經濟實力非常重要，無論已婚或未婚，都要有足夠的力量，讓自己經濟獨立起來。至少，妳要能夠養活自己，甚至給予自己理想的生活：妳付得起自己想要的衣服、首飾，

妳不需要看任何人的臉色，也不用因為花另一半的錢而擔心對方的情緒。妳甚至不需要為了經濟而勉強自己，留在一個不適合的人身邊。

不要想著依附任何人，因為當感情生變的時候，妳唯一能夠依賴的，只有自己。

第三個建議：不耽溺於那些不值得的人，才找得到願意共同成長的對象。

從純純愛戀的角度來說，也許茫茫人海中有那麼一個非常吸引妳的人。但一個懂得自己要什麼、把自己打理得很好、享受著自己的生活又有足夠經濟能力的成熟女性，會很清楚知道，最初的一眼瞬間，並不能成為永恆；再多的愛情，也要經歷現實的磨合，才有可能走得下去。

因此，有自信的女人，不容易耽溺於三觀不合的愛情裡，看不清現實。面對不適合的對象，她們更能夠畫清界線，把身邊的位置，留給那個與自己頻率相合的人。

放下「好女人」的執念吧！

在這個講究女性覺醒的時代，我常看到一種類型的女性，她們不只對內要求自己要照顧好丈夫、孩子和整個家庭，對外更要在事業上表現優秀，甚至還要求自己要維持姣好的外貌與身材，彷彿做到最極致、完美，讓別人挑不出一絲毛病，才是個新時代的女性。

這種逼迫女性過度逞強的「女性自主」，其實是走到另一個極端的變相逼迫——妳不僅要跟男人一樣優秀，還得做一個完美女人。

但這並不是所謂的獨立自主，為什麼呢？因為妳所在意的焦點，還是「自己以外的人事物」，而不是「妳自己本身」。

無論妳在什麼樣的時代，無論妳做了些什麼，當妳總是把焦點放在他人的讚美，因為他人的評價而壓迫、強求自己

時，妳的身心依然活在他人的眼光裡，妳從來就沒有得到過自由。

一個心靈不自由的女人，即使看來事事完美，內在與舊時代那些抱著貞節牌坊、被道德綑綁的纏足女性，其實並沒有太大的區別。

因為妳的身體雖然進入了新的時代，但妳心靈上的裹腳布，卻還沒真正解開。

身為瑜伽老師的朋友 B 就是如此。

她每天的行程極其忙碌。一大早起床，為孩子和丈夫準備熱騰騰的現做早餐，再幫孩子做一個營養充足的便當，接著開車送孩子上課，順便到公婆家去接公婆外出，先送公公去復健診所復健，再帶婆婆去道場當志工，接著轉往附近的超市買菜，買好菜順便辦完瑣事之後，再趕去接復健結束的公公、當完志工的婆婆回家，到家後再為他們準備午餐。午餐後，她開始洗衣、整理家務，接孩子回家，再

準備好一家人的晚餐。晚餐後趕往一些運動教室上課，十點鐘回到家，再清洗晚餐後堆在水槽裡的碗盤。

她完全做到街坊鄰居讚不絕口、家人無可挑剔，而我望塵莫及的「好媳婦」。

然而，生活相當自律的她，某次健康檢查卻發現自己罹患了乳癌；幸好發現得早，部分切除再經過一段時間化療後，她慢慢痊癒。

為了治療，也為了讓虛弱的身體有恢復的時間，她只能把接送孩子的工作交給先生，孩子改訂學校營養午餐，公婆自己搭車去復健、做志工，而家務則固定請清潔人員協助……以往那些「非她不可」的任務，她學著慢慢放手，交付給其他人之後，她說自己在某天晚上，突然真正哭了出來——

「那天晚上我才發現，這麼多年來，我其實活得好累。」她說：「但是，可怕的是，我完全沒有感覺到累。但我實

際上一直緊繃著，我拚命努力讓自己當個好媽媽、好媳婦，我也覺得自己做得很好。直到這場病讓我發現，以前的我一直活在某些標準中，一直用這些標準給自己評分，然後當這些事情都不是『非我不可』的時候，我突然覺得自己沒價值了！原來，我只是用這些事情來證明自己很有用……原來，我其實從來沒有放過自己！」

前陣子我的粉專讀者在留言處，跟我分享了一個網路故事。

故事內容大概是說，在朋友因病過世後一段時間，作者打電話關心朋友的先生，想關心他們家有沒有需要幫忙的地方？作者以為，失去了盡心盡力的好太太，這位先生一個人要照顧年邁父母與兩個孩子，應該會非常疲倦吧？想不到，電話裡面的先生情緒穩定、語氣輕鬆地告訴作者：

他已經從原本需要出差的職務轉調為內勤，也請看護照顧一雙年邁的父母，平常一個月兩次安排清潔公司來家中打掃，又另外為孩子找了能夠煮三餐的保母在家中照料。只

有一開始找幫手時覺得有些忙亂，現在都上了軌道，一切都好。

那篇文章的最後，作者想起自己過世的那位朋友，在她生病之前，為公婆、丈夫與孩子奉獻所有，因此把一個家打理得井井有條。因為老公需要長期出差，為了行動不便的公婆和接送孩子，她不但放棄自己喜歡的工作，更推掉許多次閨密的聚餐……她總說，家裡沒了她會亂。但現在，他們永遠失去了她，每個人卻還是可以回歸穩定的生活。如果她早知道，這個家所有的一切，並不是非她不可，那麼她是不是就可以多花一點時間與心力照顧好自己？那麼她還會不會年紀輕輕就患病離開？

生死有命，我們很難去揣測，如果故事裡的那位太太，早一點放下「好女人執念」，她會不會獲得更健康的身體？但至少從我的朋友 B，和前面這個網路故事中，我們都要懂得──

一個新時代的女性，並不等於一個「完美小姐」。

真正的女性成長，是了解「自己真的需要什麼」，學習理解自己，學習不逞強，學習放過自己，也學習溫柔而堅定地畫下底線。而不是繼續服從一個傳統的價值觀，用那些舊的標準來定義自己，逼自己成為一個樣樣行的神力女超人。

能不能維繫婚姻，
是「適不適合」的問題

妳一直都知道，我不主張為了維護「婚姻」的表象而委屈求全；更不認為女人要為了他人的眼光，拚命努力為自己賺取婚姻中的貞節牌坊。

在現代這個社會裡，「婚姻」這兩個字的意義雖然已經慢慢轉變，但當妳真正進入「婚姻」後，還是會發現很多根深柢固的傳統價值觀，影響著婚姻的方方面面。

有些人在結婚前，愛上的是妳的個性；但結婚後妳卻發現，他父母想要的是一個聽話、懂事，最好還要能生男孩的乖媳婦。那時妳才會恍然大悟：原來這一切，都不只是說一句「我們深愛彼此」，就可以解決的事。

前陣子朋友聚會，其中一位朋友提到她的「前」妯娌Ｙ，有點感慨。

Y 畢業於知名國立大學研究所，不僅外型亮眼，工作能力也非常優異。工作幾年，事業逐漸步上軌道之後，她與研究所時期交往多年的學長決定步入禮堂。

一直以來，Y 都知道男友成長在大家族，家族長輩觀念比較傳統，但她與男友交往日子裡，男友的父母和家族成員都對她很友善；雖然家裡有比較多禮節，但她覺得結婚是兩個人的事，且同樣在市區工作的他們，未來也打算在市區租屋或買房，不打算與公婆同住。所以，當相愛的男友求婚時，她並沒有任何猶豫就 say yes。

然而，就在她被套上結婚戒指、開始籌備婚禮後，準公婆開始在她例行到家裡吃飯的時刻，明示暗示希望兩人婚後能住家裡。

公公說：因為房價高，他們小夫妻剛結婚就要背負高額房貸不划算，不如先住家裡幾年，多存點錢再考慮買房。婆婆說：因為 Y 工作忙，一起住的話不用自己煮飯，未來有了小孩，公婆還可以幫忙帶，不是省了保母費用嗎？

她心裡不願意，但未婚夫卻覺得自己父母說得有理，認為兩人目前的薪水，若想要住大一點的房子，就只能先租屋；不如與父母同住一段時間，等到存夠錢，買了房再搬出去。

無可奈何之下，Y 同意婚後暫住婆家。沒想到，這一住就是五年，買房的事情變得遙遙無期。

婚後，Y 因為工作量大，加上婆家位於郊區，她通勤時間變長，必須比以往更早出門、更晚回家。婆婆不只一次在家族聚會的時候，明著讚美暗著諷刺說：「我們家 Y 工作能力很好，就是每天都要工作到很晚。我啊，煮飯的時候都看不到媳婦，擔心她會不會忙過頭，將來身體不好怎麼生？」說到這裡，親戚們就會開始讚美婆婆：「唉呦，那妳真的是個好婆婆啊！每天煮給媳婦吃，還這麼關心她！真的是把媳婦當女兒啊！」

面對這些言語，她只能深吸一口氣，把苦水往肚子裡吞。住進婆家後，雖然就如同婆婆所說，每天晚上都不用她

煮，但她卻因此不敢加班。即使忙一整天，每天晚餐後也不敢躲進房間，總是撐著身體，洗完堆積如山的碗盤。

因為她是長孫媳，初一、十五和逢年過節的祭祀，公婆要求她必須要跟著身為長媳的婆婆一起準備祭品。為了不影響上下班時間，她只能在例行拜拜日的前一晚提早下班，去超市採購大量水果回家清洗、擦拭、擺盤，常常處理完所有祭品，拖著疲倦的身體回房時已是深夜。

看到這裡，妳可能會問：「她先生都不知道嗎？」

Y 所做的一切，先生都是知道的。

但是從小生長在大家族裡的他，他有記憶以來，女人就是待在廚房裡，準備祭品和煮飯、洗碗等家務事，理所當然是女人的工作。

結婚數年，他們不只一次為了小事爭執，而每次 Y 試圖溝通時，先生都認為「有那麼嚴重嗎」、「忍耐一下不就好

了」，甚至對Ｙ說：「妳嫁到我們家之前，本來就知道這個家比較傳統，那時候妳怎麼就能接受？現在又說不能適應？又不是只有妳一個人在做，我媽也都有做啊！」

每一次無疾而終的溝通，Ｙ都說服自己，沒關係，等存夠了錢搬出去就好。

直到有一天，老公笑著對忙進忙出的Ｙ說：「妳變得越來越像我媽了耶！」

一句玩笑話，卻讓Ｙ數年積累的情緒完全潰堤。她哭著在公婆面前，對先生吼出五年來所有的不滿，然後在眾人不諒解的眼光中，扛著行李，離開了這個不像家的家。

愛情，可能意味著妳在某個面向受對方的吸引；但婚姻，考驗的卻是兩個人的家庭背景、生活習慣，乃至各種細微的觀念。

在Ｙ的例子裡，她的婚姻一開始是因為愛情，但這份愛情

卻逐漸被家族的要求所消磨。她最終也因此看清，她與先生對於「家」的觀念，有很深的差異。五年來她試圖溝通，但先生卻只想安於現狀，不願認真面對差異，更別說要凝聚出一個共識，解決婚姻的難題。

要不要進入婚姻，可能是「愛或不愛」的問題；但能不能維繫婚姻，卻是「適不適合」的問題。

差異無可避免，但「磨合」卻必須建立在雙方願意共同成長的基礎上。如果三觀明顯不適合，其中一方也沒有面對問題的誠意，就不是真正的「磨合」，而是彼此「消磨」。

一段彼此消磨的關係，帶來的只會是幸福感的耗損，而不是生命的成長與提升。那麼與其歹戲拖棚，分開也是一種選擇。

親愛的，我只希望妳能幸福。但這種幸福，絕不是活在他人的眼光裡，為了表面看起來美滿的假象，而犧牲自己真實的幸福。

一對成熟的夫妻，
懂得怎麼去跳好這一場雙人舞

我一開始跟大叔交往，就是遠距離。很多人的遠距離，是臺北與高雄；但我們卻是一個在香港、一個在臺北，彼此隔了一道海峽。

交往時，我就很清楚大叔在香港金融圈的工作狀況，他一時半刻也不可能辭職回到臺灣；那段時間我們的生活就大概維持他週間在香港工作，週末返回臺北團聚的模式。懷了老三之後，我也一如往常地平日自己照顧大孩子們，並安排時間自己去做產檢。

有些人會覺得這樣的相處時間很短，好像非常辛苦，但對於離開前段婚姻，這幾年一直很享受獨立生活的我而言，其實心理上相當安定。因為我與大叔的關係能夠維繫的重點，並不在相處時間的長短，而是我們兩人對生活的態度是相應、相合，且能夠彼此加成的。

但這不代表我們倆不會有摩擦。

生下老三不久，新冠肺炎疫情爆發，我們的生活節奏開始有了變化。他無法定期返回臺灣，再加上每日照顧新生兒的疲倦，我那一陣子開始對他有些情緒。

記得那時候每週五晚上是保母的休假日，所以每到週五我就必須一個人帶著兩個大孩子和一個襁褓嬰兒。大孩子們倒還好，基本上都可以自理，看過功課督促完刷牙後，就可以自己去睡覺。但不到一歲的小寶寶完全不可預期，平日因為習慣保母陪伴入睡，每週五晚上換成我來哄睡的時候，常常讓我身心俱疲。

而每週五晚上，大叔在做什麼呢？由於我們有些共同朋友在香港，興趣相投的男人們，會相約去看紅酒收藏，彼此相約在週五晚上有個男人之夜，一起聚餐、喝酒。

讓我崩潰的點剛好就發作在某個週五的夜晚，小三鬧到半夜一點還不肯入睡，我在臺北筋疲力盡，他在香港快樂喝

酒──就在我整個人陷入地獄的時刻,他居然飄飄然在天堂!我當時沒有直接打電話發作,只是冷冷地在 line 上面說了一句:「整個晚上很忙?」忙到都沒時間管我和孩子的狀況,忙到沒時間看見我現在的辛苦。然後我就把手機丟在一旁,不再理會他。

很多人都以為大叔跟我就像神仙眷侶,從來不會吵架。但這個印象其實是很有問題的,因為真實的婚姻狀況,總不可能像童話故事那樣,兩個人在螢幕上唱唱歌,就可以解決所有的問題。

真實的人生中充滿考驗,每個人都會有疲倦的時候,出現各種情緒在所難免,也不需要避免。夫妻關係就像一場雙人舞,這場舞蹈從來不是一個人的事情,你進一步、我退一步;我進一步、你退一步。要兩個人都願意彼此配合,同時也清楚自己的界線,才有可能成就婚姻的圓滿。

一對成熟的夫妻,懂得怎麼去跳好這一場雙人舞。

我沒有讓情緒燃燒太久，因為我知道自己的情緒是因為疲倦，希望他能夠看見我的辛苦，而不是因為我真的埋怨他，或是不允許他過得比我愜意。

因為我知道他重視我和這個家，也因為我把他當作真正的家人，所以我懂得他的感受，知道他一個人在香港的日子，並不會比我更好過、更快活。就在稍微讓自己平復之後，我隔天就主動把話說開，告訴他我只因為哄不睡小嬰兒而沮喪煩躁，也告訴他我當時真正想要的，只是被關心、被看見。

對自己真誠，跟對方坦承，這段小衝突很快就過去了。

就如同我前面說的，一對正常的凡人夫妻，不可能如童話世界般充滿夢幻泡泡，我們一樣有情緒、一樣會衝突，但在每次的衝突過後，能夠順利面對自己，也面對彼此，其實背後有個很重要的因素在於：

我們倆對生活的態度相應、相合，也就是所謂的「三觀一

致」，讓我們懂得彼此欣賞，同時也試著用對方的角度去看世界，因此才能夠彼此加成。

比方說品酒。在認識我之前，大叔是不愛喝紅酒的，穿西裝的成熟男人喜歡威士忌或白蘭地濃烈的滋味，但在與我交往之後，他欣賞我對紅酒的鑑賞，也因此開啟他對紅酒的認識和了解，因此愛上紅酒優雅的滋味，也跟著我一頭栽入紅酒的世界。

我們願意看懂彼此的興趣，只要這些興趣是無損健康的，我們都會去欣賞甚至參與彼此的喜好。

同時，我們也能夠在生活上互補，把不擅長的東西由更擅長的另一半接手。比如，我其實並不善於跟陌生朋友應酬，但長期待在金融圈的大叔，在交際上就比我更圓融一點；所以有些時候，遇到一些我不知該怎麼應對的場合，就會放手請大叔幫我處理。正因為我理解他的品格和經驗，所以完全相信他處理這些事的能力。

這就是一種彼此成長、彼此互補，1＋1＞2 的感受。

婚姻是一條很長很長的路，好的伴侶會讓妳從生活中堆疊出各種正向的關係，然後牽著彼此的手共同成長。即使彼此都有情緒，即使衝突發生，你們還是可以找到繼續共舞的節奏，跳出最適合你們的婚姻之舞。

為了迎合他人觀感而不斷改變自己，
其實是疲累又危險的

經歷過一場離婚風波，我開始學著把自己的領悟，化為寫作的動力。因為那段歷程太驚心動魄，不但讓我清晰看見社會輿論對於女性壓制，也讓我更堅定地相信，如果一個女人要在這個社會氛圍當中活出真正的自己，需要有人提供更多的方向與勇氣。

當我在粉專上寫關於女性成長的文章後，偶爾會收到一些讀者的回饋。其中，有一個問題令我印象深刻，有位女孩說，她的男友非常喜歡像我一樣有個性、有想法的女性，但她比較文靜保守，所以很想知道：「要怎麼成為像蔡醫師一樣的女性、讓男友更喜歡我一點？」

針對這個問題，我當然可以分享很多自己的想法。但，這真的是一段親密關係中需要的嗎？

從事醫美這個產業，我看過也聽過很多想要改變自己的女孩。無論是相貌、身體或個性，有些女孩總是期盼改變了某個部分之後，別人會更喜歡自己，甚至有些女孩，為了伴侶的喜好，想要把自己變成另一個人。

然而，一個沒有自己的中心思想、只為了迎合他人觀感而不斷改變自己的人，其實是疲累又危險的。妳很可能因為外在的評價，在各方面苛求自己，但也容易因為別人的批判否定，而痛苦萬分、失去自信。更危險的是，如果妳像我一樣，因為一場預期之外的離婚風波，被推到風口浪尖上，甚至成為輿論的眾矢之的，那麼，妳又該如何凝聚重新站起來的勇氣？

所以，與其詢問：「要怎麼成為像蔡醫師一樣的女性、讓男友更喜歡我一點？」不如好好問問自己：「我要怎麼做，才能持續成長、讓自己更愛自己一點？」因為這個世界上，唯一會陪妳走到最後的人，其實是妳自己；而妳唯一需要用心討好的人，也只有妳自己。

問題問對了，方向明確了，妳的改變才會更有意義。

想要真正做到自我成長，想要成為一個愛自己的女性，首先，要看清自己的本質；然後，用心把每一天過好。
妳的本質和妳對生命的期盼是什麼？

有些女孩天生就文靜單純，對生活沒有太強的企圖心，那麼，就試著專注在生活的每個當下，享受自己的生命；喜歡烹飪，就好好在廚房裡做出一桌好菜；喜歡編織，就好好為自己、為身邊的人編織出充滿愛的手工藝品。

我身邊有好幾位媽媽朋友，都在廚房和家務事裡找到自己的生命熱忱。有的在為孩子丈夫做便當的過程裡，發掘自己做造型便當的快樂，手藝令人嘆為觀止；有的則是從花藝中找到興趣，原本只是業餘愛好者，學著學著竟成為可以獨當一面的手作老師，收入甚至超過原本正職的薪水。

也有些女孩的本質比較進取，腦海中充滿各種想法，也有在工作上的野心。這種女孩因為腦海中會有很多點子，也

比較容易不滿足於現狀，總想著怎麼做可以比現在更好，我自己就是這樣的類型。但這類比較有想法、有企圖心的女孩，有些會因為缺乏各種社會經驗，或是因為惰性而產生習慣逃避的心態，容易卡在一個不上不下，或是只能提出批判卻無法做出建設的情況。

如果妳是處於這種狀態，那麼可以先停止去羨慕或批判任何人，把滑手機的時間和抱怨生活的力量，直接轉換為對妳所批判的人事物提出更好的、更有建設性的解決方案。如果批判的是妳的能力，與其花時間自怨自艾，不如起身去充實自己；如果妳覺得妳的財務狀況不佳，與其花心思唉聲嘆氣，不如試著花更多時間去研究投資理財。

我自己在創業的道路上就是如此。當我在其他地方看見我覺得需要改善的狀況時，我不太會花時間、費心思批評對方，而是直接先去看自己有沒有這樣的情況，或是思考要怎麼把這個問題在自己的診所裡修正、改善。「有想法就要嘗試落實」，是我在行動時的一個重要特質，這也是很多人會覺得，我很像變形蟲的原因。因為每次得到不錯的

想法，我就會用最快的速度，調整思維、腳步，然後將修改後的方案落實。

自我成長，並不意味著妳要違背自己的本性。真正做到愛自己，其實只需要把每一天都過好，讓生命帶妳找到適合妳的道路。在這個過程中，妳想要什麼，就把時間與精神投注在那裡，生命自然會給與妳足夠的回饋。

「璞之妍」診所裡面，有像我一樣，想法比較明快直接、以事業為重的女醫師；也有一些性格溫柔婉約、柔情似水、以家庭為重的女醫師。但無論哪一種類型，每一位都用心在過好自己的生活，都一樣可以用專業的態度和貼心的陪伴，來面對每個需要我們的人。

就像我用「璞之妍」作為診所名稱的心願，我相信，每個女孩都像是一塊璞玉，那些在生活上用心的女人，最後一定能琢磨出自己獨一無二的光芒。

但問題是，女孩們，妳是否用心在過好自己的人生呢？是

否用心去看見屬於妳的美麗呢？如果妳一味迎合對方的喜好，卻無法用心去琢磨自己的本質，那麼妳又怎麼可能找到一個因為妳的本質之美而心動的伴侶呢？

真心期盼每個女孩都能從他人的評價中釋放自己，每個用心的女人，都能夠找到屬於自己的美麗。

女人可以沒有男朋友，但一定要有女朋友

很多女孩，包括以前的我自己，都曾經為了愛情，不自覺割捨了身邊的女性友誼。

有的女孩一談戀愛，就把心思和時間都放在男友身上，為了盡量跟男友在一起，推掉了很多閨密的邀請；有的女孩是因為男友的喜好，不但改變自己的外型，甚至開始疏遠自己的女性朋友。

朋友的朋友 H，幾年前認識了一位醫師，對方在區域性診所工作，診所在她居住的地區算是小有名氣。因為長相斯文、談吐優雅，還有醫師光環的加持，H 很快陷入戀愛的粉紅世界裡。

起初，她的女性朋友們都很祝福 H 終於找到自己心目中理想的對象，也支持她以結婚為前提跟對方交往。可是一段時間下來，閨密們都紛紛感覺到 H 變了。她對昔日的女性

好友，開始避不見面、若即若離；偶爾約了見面，也總是匆匆忙忙，沒講幾句話就趕著離開。交往越久，臉書上的穿著打扮、發文的內容，都變得不像是以前的她；跟男友出遊的照片，笑得總是不太自然，化妝都遮不住深深的黑眼圈，看得出來非常疲倦。

關心 H 的女性朋友從旁了解，才知道 H 已經見過男友的父母，正在討論結婚的事宜。因為男友家境不錯，母親對媳婦更是有很嚴格的要求，不但要她去學習各種「好媳婦」的必備條件，更時常在她面前批評她的家庭、朋友，告誡她要怎麼做，才能成為一個「配得上他們家」的女孩。

為了成為「合格」的未婚妻，原本不擅長做菜的 H，開始學習各種烹飪技巧，她甚至在未來婆婆的要求下，換了一份距離男友家很近的工作，以便將來下班可以早點回家下廚或照顧小孩。

同時，她也慢慢疏遠了學生時代就一直在身邊的好朋友，因為男友和他家人嫌棄那些女孩，認為她們穿著打扮、舉

止談吐都太隨便；有些則太過大女人，Ｈ如果太靠近她們會被帶壞。

Ｈ身邊的朋友換了一輪，每一位都是未婚夫與婆婆認可的好媳婦。但她卻發現，自己連能夠談心、吐苦水的對象也沒有。原本睡眠品質就不是很好的她，竟然開始出現自律神經失調和嚴重的失眠症，最後還是因為認識十多年的閨密，從照片中發現她的臉色很差，打電話關切時，發現她精神恍惚，才軟硬兼施帶她去看精神科醫師，確診為憂鬱症。

然而，Ｈ的未婚夫卻認為她精神狀況異常，是她自己抗壓性太低所導致；未來的婆婆認為Ｈ實在太嬌貴，對這些基本的要求就這麼不適應，未來要怎麼嫁入這個家？於是開始勸兒子解除婚約……

薇薇夫人在《給比我年輕的女朋友》中，說過一句話：「女人可以沒有男朋友，但一定要有女朋友。」

愛情就像是一種催眠，年輕的妳一旦墜入情網，很可能會開始看不清楚前方的道路，搞不清楚誰才是生命中重要的人。然而，經歷過愛情、婚姻的成熟女性，會慢慢理解到：愛情，才是人生中最虛無縹緲的部分。

當妳因為愛情，放棄生命中重要的親情與友情，是相當危險的一件事。

就如同我前面說的女孩 H 的經歷，也包括我自己在離開前一段婚姻的過程，我們都可以發現，那些無論風雨，總在妳身邊的朋友、家人，才是妳最堅強的後盾。尤其是當妳在感情中受了傷，當妳在愛裡浮浮沉沉、跌跌撞撞，那些始終陪伴在妳身邊的人，很可能不是親密的對象，而是妳的摯友、妳的家人。

所以，我親愛的女孩，當妳在跟任何一個男人交往的時候，都要試著觀察他對妳朋友的態度。

我在跟現任丈夫大叔交往的時候，曾經認真關注他對於我

的交友圈與工作圈的想法。然後我很訝異地發現，他居然比我還要擅長跟我的朋友們互動！一群人約在我家喝酒談心時，他不但幫大家選適合的酒，還貼心地張羅配酒的點心，甚至相當投入在我們的話題中。因此徹底把我身邊的朋友一一收買，最後甚至搞不清楚這些朋友，到底是我的摯友還是他的知交。

我問他：「你是真的喜歡跟他們聊天？還是只是為了我勉強自己？」

他笑著說：「我喜歡跟他們聊天，也喜歡貼近妳的生活，認識他們也是在了解妳！」

當然，大叔身為金融界人士，社交能力本來就比較好，很容易跟不同特質的朋友打成一片。但無論如何，一個足夠愛妳的男人，絕不會逼迫妳斷開重要的友誼，他不一定要很熱切於參加妳的閨密聚會，也不見得要像大叔一樣懂得加入談話，可是，他必須要尊重妳交朋友的權利。

若一個男人嘴巴上說愛妳，卻規定妳只能屬於他一個人、喜歡批評妳的好友、逼妳離開重要的閨密，那麼這種關係妳一定要小心。美其名是愛，實際上很可能是一種占有欲、控制欲；而過度的控制欲，干涉妳的人身自由，往往是恐怖情人的一項特徵。

所以啊，女孩們，「女人可以沒有男朋友，但一定要有女朋友」。薇薇夫人這句話是多麼重要！除了愛情，妳身邊還有很多很多的關係，值得妳去經營、去維繫。好好重視妳身邊不離不棄的女朋友吧！她們有可能是妳未來乘風破浪時，最強大的力量。

夫妻雙方的「修養」，
深刻影響著一段關係的和諧

在這個時代，「離婚」漸漸不是稀罕的事。也正因為離婚逐漸尋常，女人們有工作能力的比比皆是，很多現代女人們會開始思考：維持一段關係的真正要素是什麼？什麼樣的伴侶，才真正能夠細水長流、共度一生？

少女時期，女孩們總是對所謂「白馬王子」充滿幻想，擇偶條件多到可以列一張清單——身高不能太矮、體重不能太重、學歷不能太差、工作地點的距離不能太遙遠；除此之外，要多金、要浪漫、要嘴甜，要認真工作又要懂得以我為重，更要能夠有房有車、有肩膀有氣魄，能夠一生為我遮風蔽雨……

偶然聽到年輕女孩們高談闊論地羅列男友的內外在條件；這些偶像劇當中的男主角典範，總讓我不禁莞爾而笑。無論男人女人，容貌雖然可以保持姣好、身材也可以不斷雕

塑，但再美的臉蛋、再好的身材，每天看，看二、三十年也是會膩。

身高的高度、體重計的數字，除了視覺上賞心悅目之外，一樣會隨著時間變化，逐漸失去意義。婚前有房有車固然好，但與其把這些當成「擇偶條件」，為何不將這些視為一種「自我期許」？畢竟，對我們這些早已嘗過婚姻滋味的女人來說，一旦感情不再時，握在自己手上的能力才最真實。

看到這裡，妳也許會問我：「如果這些條件不是必要，那麼，維繫婚姻究竟需要什麼條件？」

我自己是在經歷兩段婚姻的洗禮後，才比較清楚意識到：夫妻雙方的「修養」，其實深刻影響著一段關係的和諧。比起各種錦上添花的外在條件，內在修養的好與壞，才是婚姻能否長久經營的必要元素。

看過我粉專的妳，應該會知道，被我暱稱為「大叔」的現

任丈夫，是一個修養很好的人。所謂「修養很好」，並不是指沒主見、沒脾氣，只知道事事遷就伴侶；「修養很好」，也不是說兩個人在婚姻當中完全不會爭吵，永遠都客客氣氣、相敬如賓。

我相信，只要經歷過婚姻生活的伴侶們，就一定能夠領略到，嘴唇與牙齒即使相偎相依，還是會有咬到的時候；兩個人來自不同的家庭，有著不同的學經歷，我跟大叔甚至身在不同的地域……兩顆完全不同的腦袋，面對這麼多生活上的瑣碎事務，想要雙方意見永遠一致，根本是天方夜譚。

意見不同，摩擦也就不可避免；而面對摩擦，「修養」就變成一件很重要的事。

跟一個修養好的人在一起，他不會認為自己的意見絕對正確，更不會把意見不同的妳，視為必須要打倒的對象。因為他懂得傾聽跟他不同的聲音，因為他懂得尊重妳的獨特，所以不會總是自我中心。在充分溝通後，如果有更好

的做法，你們會知道何時該放下原本的堅持，不會為反對而反對。

跟一個修養好的人在一起，妳不會害怕表達自己，你們可以把各種不同想法丟出來討論，即使爭執，也不會變成無止盡的爭吵。

因為他懂得就事論事，無論每一次的溝通過程多激烈，你們都知道這只是磨合的一環；溝通結束後，無論能否達成共識，你們依然能夠回歸平常的生活，彼此不會記仇記恨、鑽牛角尖。

跟一個修養好的人在一起，妳不用擔心生活中不時被批評、否定，更不用擔心每次爭吵總是失焦，原本的溝通淪為彼此指責。

因為他懂得分寸，不會擺出高姿態，頤指氣使、咄咄逼人，更不會為了贏得這場吵架的勝利，不分青紅皂白地翻舊帳，拿各種過去的事，對妳人身攻擊。

的確，在婚姻裡找一個三觀相合的人很重要，但就算三觀相合，仍然會有意見相左的時候。

我從來不認為女孩應該要退讓、忍耐、以和為貴，所以，勇敢說出自己的意見，是婚姻中重要的過程；然而，當兩人充分表達想法，進入討論狀態時，彼此的修養和風度，就成為溝通能不能順暢進行的必要條件。

兩個修養差的人在一起，每次的溝通，總是會變成一場戰爭；砲聲隆隆中，兩個人的關係會越來越差，彼此心靈的距離會越來越遠。久而久之，妳會不敢再說出真實的感受，害怕表達真正的自己。

兩個修養好的人在一起，你們內心的共識，就是真實做自己，讓彼此成長、讓生活更好。

每次的溝通、鬥嘴，最後總是變成生活的調味料；像是加入不同的配菜、佐料，最終合力炒出一盤好菜。日子過得越久，你們將更理解彼此，兩人的心會更加靠近。

所以，女人啊，不要只是求一個對妳好的人，而是找一個修養好的人。

和一個修養好的人在一起，每次的磨合都會是更好的開始。

孩子不會因為「偽裝出的和諧」，
看不出父母婚姻的真相

這本書的初稿，在 2021 年的最後一天完成。回顧這一年，總覺得像是一場風暴，年初新冠肺炎肆虐，許多人在居家防疫期間，才發現自己與另一半無法近距離相處，因而為自己的婚姻畫下句點。

年底，又在各大報章媒體上，看到名人婚姻內部的風風雨雨，不僅揭開了看似「完美」的人格面具，也讓我們看見傳統婚姻價值中，各種權利不對等的現象。

這一年的風暴，似乎格外值得我們去審視自己的婚姻，甚至更深刻地，去檢視整個社會對於「家」的定義。

華人社會常說「家醜不可外揚」、「家和萬事興」，這些觀念讓很多女人總是選擇承擔與隱忍，即使家庭出現了眾多潛在的問題，即使夫妻關係進入冰點，即使遭受肢體、

言語暴力，都先想著要維護「家」的表面形象，只為了要
給孩子一個「完整的家」，甚至對外營造出家庭和樂、幸
福美滿的樣態。

然而，孩子真的會因為「偽裝出的和諧」，看不出父母婚
姻的真相嗎？

曾聽朋友說過，她長年受到先生的漠視，在公婆與其他夫
家人面前，對她頤指氣使。公婆有她家的鑰匙，總在沒有
告知的情況下，直接開門進入她的家，如入無人之境；常
常她下班回家，發現家裡的東西被移動過，這種令人緊繃
的狀態，讓她連在家都難以放鬆……然而，為了讓孩子有
個完整的家，對於各種不公平的對待，她始終選擇忍耐，
以為她的退讓可以換得家庭的安穩。

直到女兒上高中時，先生在外與其他女人共組家庭，她才
終於忍無可忍提出離婚，帶著女兒離開了那個從來不像家
的家。

她問女兒：「怪不怪媽媽？跟爸爸分開後，會不會覺得難過？」

沒想到才十六歲的女兒，竟跟她說：「不難過。其實妳可以早一點離婚。阿嬤每次都直接進到妳跟爸房間去拿東西，還會動妳的東西，爸在家都把妳當空氣，叔叔還會直接兇妳，妳以為妳偷哭我都不知道嗎？妳以為妳在為我好，但其實我看到你們這樣，一點也不覺得好。」

跟女兒深談後，她才終於知道，女兒真正在意的從來不是表面上「完整的家」，而是這個家裡的爸爸媽媽，是不是真的開心。當她勇敢帶女兒離開這個家，活出自己想要的人生，對女兒來說才是真正的「家」。

沒有所謂「完整的家」，更沒有所謂「完美的父母」。一個真正的「家」，應該是奠基於彼此尊重、相互扶持，所以，對於不公平的對待，妳從來不需要隱忍，更不應當姑息。

李靚蕾在 2021 年 12 月 23 日發表的文章，有一段話完全說到我的心坎裡。她說：

「孩子需要的不是完美的父母，孩子需要的是誠實可信賴且遇到問題能夠勇敢面對且改正的父母。」

「世界上沒有完美的人也沒有不會犯錯的人。如果父母偽裝完美，孩子就也會以為自己的不完美是個缺陷。很多知道父母親不完美或是做錯過事的孩子，仍然可以有健全的身心，和父母親也可以持續保有親密的親子關係（社會上也有很多正面的例子）。我不應該要為了袒護他，繼續隱忍他和親友對我持續的霸凌和詆毀，寧願選擇承受孩子們對母親的誤解。孩子們慢慢長大了會聽到會看到，在這樣的家庭成長才會是為孩子帶來最大的傷害。」

這段文字，讓我回想起那幾年跌到谷底的日子。當時的我，之所以能夠從泥沼中站起來，就是因為我有我愛的孩子們。

孩子是女人最脆弱的軟肋，但同時也是女人最強的後盾。我不想認輸，不想向命運低頭，不想讓兒女看到一個隱忍壓抑的母親，更不想為了殘破的婚姻，偽裝成虛假的幸福。所以，我選擇正面迎戰，我要讓我的孩子們最終看到對的榜樣，而不是一對不敢面對人生，持續逃避、擺爛的父母。

對於離婚的原因與過程，我從來不避諱讓孩子知道，更不害怕跟孩子坦白。我希望他們知道，即使是臺大醫科的高材生，在婚姻這張考卷上，其實跟所有的父母一樣，總有不盡如人意的地方。因為我們也是第一次踏上婚姻這條路，我們都在面對自己也面對彼此，從摩擦與衝突中，更深刻地認識自己真正需要什麼。

在人生這條路上，我們其實必須要學習如何坦然、中性地面對「分離」。特別是離婚率節節攀升的臺灣，很多人的觀念卻依然停留在傳統社會，覺得離婚是一件「壞事」，往往用婚姻「破碎」、「失敗」這樣的詞彙，形容離異的夫妻；這個觀念也深刻影響了華人在面對離婚問題時對孩

子的教育態度，認為孩子聽不懂、不理解，就選擇隱瞞或模糊處理，有的不僅不解釋還會無故遷怒於孩子，這也讓很多孩子沒法用一個健康自然的心態，去看待父母「無法繼續共度一生」的選擇。

然而，真正傷害到孩子的，其實並不是「離婚」本身，而是父母處理關係時的態度。

如果我們坦然地接受自己的狀況，讓孩子知道婚姻變化的始末，也讓孩子知道人本來就可能因為相愛而結合，也很有可能因為了解而分開；離婚對於不適合的雙方來說，並不是一件壞事。分開之後，孩子們依然擁有父母，這個家可能因為分開而更加完整……那麼，孩子其實並沒有我們想像那麼脆弱。

與其讓孩子在事後揣測真相，不如讓孩子看到婚姻的真實。就算中間犯了錯，成人也可以給孩子做出示範——面對人生，我們真正該做的，不是遮掩真相、互相欺瞞，而是坦然以對、知錯能改。

就如同李靚蕾在她的聲明文中所說：

「希望我們的經歷，能成為孩子們的借鏡，讓孩子們能相信，人都會犯錯，只要能勇敢地面對自己的錯誤，無論遇到什麼樣的低谷都還是能夠有韌性地透過自身的努力而重生。」

最後，我親愛的讀者，如果妳正在面對離婚的過程，或是妳的婚姻已經成為過去式，當妳與孩子溝通父母離婚問題時，我的經驗也許可以提供妳參考——

最重要的心態就是「坦然」，在與孩子溝通之前，請先把「離婚」當作與「結婚」一樣平常的事。妳不需要感到愧疚不安，因為父母的分開不會對不起孩子，蓄意欺騙才會。所以妳可以很坦然地看待，讓孩子知道雙方對未來的看法，已經有很大的差異，所以決定要分開。

在離婚過程當中，盡量不要逼孩子選邊站。如果對方是婚姻當中先劈腿的人，「坦白真相」並不意味著「詆毀」，

妳可以對孩子陳述事實，但無須逼迫孩子去厭惡對方、與妳同仇敵愾。在父母離婚的時刻，孩子最需要知道的是，你們即使分開，不會影響他與父母個別相處，更不會影響你們對他的愛。

假設對方有攻擊性的行為，在孩子面前對妳說出各種批評或不實指控，使孩子心生疑慮，甚至因為對方的抹黑而質疑妳，妳可以根據孩子的年齡去跟他討論。如果是面對一個國中生、聽得懂我分析的孩子，我就會傾向把他當成大人來對話。

不要先去設限孩子聽不懂就迴避這些問題，更不要跟著對方落入情緒的陷阱；好好地、誠實地與孩子溝通，讓他得知真實狀況，永遠不要期待孩子聽一次就要完全理解、認同。事實上，我們面對任何關係都一樣，我們總是在不斷溝通的過程中，用心且耐心地去解釋，才能夠彼此理解。

所以，永遠不要害怕去談，但不要急躁地談。各種觀念都需要時間去釐清，一次、兩次、三次，妳必須耐著性子，

願意花時間解決。時間，是最好的解藥。當妳能用足夠的耐心去面對孩子，同時也在與孩子的生活互動中，不斷樹立起好的行為榜樣，隨著時間過去，孩子會充分感受到，妳真實的面貌是什麼，伴隨著時間帶來心性成熟，他會慢慢懂得如何辨別是非對錯。

總之，無論婚姻最終的面貌是什麼，我們都可以很坦然。因為我們都是真實的人，即使活得千瘡百孔，仍然必須接納這就是人生。

凡事不要急於有答案，只要往後這條路妳始終走得問心無愧、踏踏實實，就沒有什麼好怕的，答案終究會隨著時間呈現出來。就像李靚蕾說的，不完美沒有關係，至少能讓孩子們看到，父母面對錯誤的過程是真誠的。

所以，親愛的，我們都要更勇敢。

這個世界上，總不缺對他人婚姻指指點點的吃瓜群眾，但面對現實的勇氣，卻只有妳能夠去凝聚。即使跌倒了、摔

得一身泥濘，只要妳不放棄自己，就永遠可以從泥濘中再度站起來，繼續往前走。

唯有從谷底走過來，妳才能真正重生，變成更強大的自己。

健康的感情生活，不會總是在原諒

看到這裡，妳也許會問我：「要怎麼在婚前，知道對方有沒有修養？」

這是一個很好的問題，因為我自己也是繞了一大圈，從錯誤中走出來，才懂得怎麼從細節中「看見」對方的修養。

首先，一個重要的原則是：妳必須培養出理性、善於觀察的眼光。

很多女孩在戀愛的時候，容易被各種感性又浪漫心態沖昏頭，戴著夢幻眼鏡，覺得對方什麼都好，美化了對方的各個面向；還有一些女孩，因為對自己絲毫沒有自信，很怕對方離開自己，甚至在對方一再表現出情緒勒索、控制監視，甚至暴力攻擊時，還認為這是一種在意妳、愛妳的表現。

如果妳足夠理性，在感情中仍然能夠保持冷靜地去觀察，妳會發現很多似是而非的行為，只是被包裝著「愛」的糖衣，日子久了，不合理的一切終究會現出原形。

當妳願意理智地觀察，那生活中習慣、觀念的差異，包括每一次的吵架與鬥嘴，都會是妳觀察的機會。

想法不同在所難免，但你們是怎麼面對差異？怎麼解決這個問題？吵架的時候難免會有情緒，那你們在情緒化的時候怎麼溝通？你們在盛怒時懂不懂得踩煞車？還是為了一時口舌之爭，不斷攻擊對方，頻踩對方的底線？你們是盡量就事論事，還是每次一吵就口不擇言、惡言相向？會不會一生氣，就講出恐嚇威脅的話語？會不會看不順眼，就甩門、摔東西？

很多女孩的感情生活，總是在原諒。他對妳人身攻擊、暴力相向，事後向妳道歉，說他只是因為太愛妳，於是妳原諒；他沒有自制力，跟其他女孩糾纏不清、曖昧不明，甚至出軌背叛，於是妳繼續原諒。然而，妳一再原諒，只會

讓他食髓知味、一錯再錯，不會因為妳的包容就改善這段關係。妳每一次含淚原諒，只意味著妳不懂得珍惜與保護自己，同時也默默造就一個完全不知反省的渣男。

除此之外，觀察他的家人，也會是一個重點。

有個朋友跟我分享過她的慘痛經驗。婚前，她來到男友家中，發現男友父親情緒起伏不定，即使母親對父親的照顧無微不至、謹慎小心，但父親只要哪裡看不順眼，難聽的話就直接出口，不合胃口的菜就直接不吃，好幾次在飯桌上甩頭就走。男友母親更是節儉到家裡任何雜物都捨不得丟，不用的雜物囤積在通道，家中到處雜亂無比；冰箱更是塞滿不知道多久以前的食物，剩菜剩飯總是一再加熱，熱了幾餐還在吃。

婚前，她對這些事不以為意，覺得老人家節儉不是壞事，婚後只要不住在一起就沒有關係。

可是婚後，她才發現節儉雖然是美德，但過度節儉卻會讓

人一毛不拔。原本以為只是老人家的節儉成性，但她卻忽略了從小生活在這個家庭裡的丈夫，節儉到吝嗇的性格，早已在他的心裡根深柢固。

婚前雖然節省，但不算摳門的先生，婚後把他父母的特質發揮到極致。

不但不允許她添購衣物，更不願意花一點錢幫小孩購買衣服。他總是說：「小孩穿舊衣服就好，我姊小孩小時候的衣服，我媽都留著；妳去跟她要，不要浪費錢。」她苦著臉對我抱怨：「但問題是，大姑的小孩已經上國中了啊！我女兒才三歲，這些衣服至少放了十年！十年前的衣服，有些材質真的不透氣，有的擺久了都發黃了……」

更讓她難以接受的是，跟老公反應有些衣服放太久，發黃、發霉，材質不適合女兒穿，先生卻認為節儉的媽媽才不可能有錯，堅持不許她丟掉婆婆家中那些「保存良好」的童裝。如果發現她偷偷丟棄或回收婆婆的舊童裝，或是幫女兒買衣服飾品，老公就會大發雷霆。情緒化的樣子，

跟公公竟然如出一轍！

除此之外，只要餐桌上出現比較昂貴的食材，他就會數落她奢侈浪費，即使菜錢根本是她自己負擔。婚後三餐都要她下廚，假日也少有外食的機會，偶爾不得已外出吃飯，稍微有質感一點的餐廳，也都不在他的考慮範圍。

脾氣暴躁、節儉吝嗇、不尊重女性⋯⋯這些原生家庭的教養，從小時就耳濡目染，會塑造一個人的三觀；這些早已定型化的觀念，將來也很可能被複製在他的婚姻生活中，跟有沒有與長輩同住無關。所以，認真且理性地觀察對方的家庭，絕對是女孩們選擇伴侶的重點。

再來，觀察他對前任的態度，也是一個重要角度。

分手後，他是一個態度溫和、不出惡言的君子？還是會不斷散播兩人的紛爭事跡、頻頻攻擊謾罵對方、大動作清算總帳的男人？親愛的女孩，他對前任的人品，會是妳很值得參考的警惕！永遠不要天真地認為自己特別，當愛情結

束時，或濃情轉淡時，一切都沒什麼不同，他怎麼對別人，很高機率就是會複製在妳的身上。

我希望每個女孩們，在感情中試著保持清醒。他的原生家庭是什麼面貌？他從小吸收的三觀裡，有沒有尊重女性的概念？他父母之間能不能溝通？會不會不肯認錯、自我中心？他對前任的人品如何？這些都是相當重要的判斷依據。

當然，我說這些不是要妳成為高高在上的公主，要對方事事以妳為中心；而是希望妳能夠懷抱理智去觀察，由不同角度去看清彼此。親愛的女孩們，在關係裡好好擦亮妳的眼睛吧！遇到錯的人並不可悲，只要妳看清後，勇於離開就好；可悲的是明明遇到錯的人，還硬要說服自己、洗腦自己，以為他是那個對的人，然後繼續錯下去。

Ch 4

給年輕女孩們

理想常常是豐滿的，現實往往是骨感的

正在閱讀這本書的妳，是剛出社會的年輕女孩嗎？

我在寫這本書的時候，常常想起曾經二十多歲的那個自己。剛從大學畢業踏入職場，青春正盛的臉龐，對許多事情都有著美好的幻想。在職場上，我們懷抱雄心壯志投入，期待自己工作中的表現能夠被看見，獲得亮眼的成果並快速累積財富；對愛情也是一樣，有的人在學生時代已經擁有對象，有的則是夢想著辦公室戀情，最好能在路邊遇到一個高富帥，帶著我們進入童話般的結局。

然而，有句老話說：「理想常常是豐滿的，現實往往是骨感的。」

事業與感情這條路走了十多年之後，妳可能才會慢慢發現，原來「真實的人生」並不是一條輕鬆好走的道路。事業的發展與感情的狀態，從來不是憑空出現一個長腿叔

叔、白馬王子，就可以一帆風順到永久。小時候 happy ending 的故事聽多了，女孩們常常懷抱著不切實際的想像，進入職場或投入感情，總要在磕磕碰碰、跌跌撞撞之後，才會看清生命真正的樣貌。

那為什麼總有人走得一帆風順？

親愛的女孩，所有看似一帆風順的人生，其實都要靠智慧去經營。是的，差別就在於「經營」兩個字。

即使從小成績名列前茅，從頂尖大學畢業，一旦踏入職場，要能夠得到更多的機會，或是擁有更傑出的表現，我們需要學會經營自己。在感情生活上也是，要能夠遇到合適的伴侶，我們必須學習讓自己變得更有內涵、更有魅力，這也是一種經營。

當我們的親密關係進入穩定期，甚至走入婚姻，要怎麼面對生活、怎麼維繫情感，都不能單單只靠一份夢幻情感在支撐，妳需要更多的理智去思考、去經營。

無論妳的起跑線在哪裡，無論妳的先天條件有多麼優渥，在人生這條路上，面對充滿瑣碎小事的生活，妳都需要懂得如何「經營」。

年輕的女孩們，如果妳剛剛步入職場，如果妳想要尋找一個合適的伴侶，希望妳在設定各種條件前，能夠先學會「把自己當成一個品牌來經營」。

身為一個事業的負責人，我看過很多剛出社會的女孩，對她們的工作提出很多條件，想要月薪多少、休假多少，但問到她們對這個產業的了解程度，以及她們認為自己有什麼樣的條件，可以在這個產業裡發光發熱時，就可以明顯看出，這些女孩是否真正有用心在經營自己。

如果妳面試一間公司，卻對這個產業毫無認識、對這個領域沒有概念，那麼又怎麼有機會獲得好的機會？

所以，妳應該要有意識地，「把『自己』當成一個品牌來經營」。意思是，看見妳想要的是什麼，然後用心去擴充

自己的能量，才能讓自己具備足夠的實力，也才有比較高的可能性，在機會來臨時脫穎而出。

在感情上也是。我時常在網路上面看到一種文章，標題都很類似：「人品不好的男人有四個特徵」、「一眼看出男人的人品」、「好男人不做五件事」……每篇文章，都要女人把眼睛擦亮，從男人的各種行為舉止，去判斷他的人品。

自私自利的不能愛、用情不專的不能愛、不負責任的不能愛；懂得陪伴的人品好、有耐性的可以嫁、不計較錢的才可靠……逐條逐項，寫得鉅細靡遺，但問題是，為什麼女人還是很容易在感情上跌倒？為什麼妳看了一堆文章，卻仍然吸引不到那些人品好的人？

一個很簡單的道理，妳從來沒有把「自己」也當成一個品牌，花時間好好去經營。

我聽過一個真實的故事。女孩愛上一個用情不專，但總是

理直氣壯的男人。

他認為：婚姻是個不合理的制度，人類應該要在不同的人身上，尋求各種讓他舒適的關係。換句話說，當他需要紅粉知己的時候，可以到某位知性的女伴身邊；當他需要欲望的滿足時，他可以投奔另一位與他身體契合的女人的床上。

女孩不知道自己到底是他「後宮」裡的哪一種類型，即使常常陷入憂鬱，仍然沒有提出分手。

她說，因為她在這男人身上，看到自己是被需要的，即使這男人從來不尊重她的時間，無論是三更半夜或是她加班的時候，只要他有需要，就可以隨意打擾她，她還是說服自己這是因為男人的其他女伴，都不夠了解他，因為他「太寂寞」，所以「不能沒有她」。

看出來了嗎？其實女孩渴望的只是「被需要」。沒有自我價值感、缺乏理想與生活動力的女人們，很容易依賴伴侶

「需要」來定義自己的存在。有些人面對伴侶的予取予求感到悲傷痛苦，但仍然會不斷壓縮自己，對伴侶百依百順，為了讓對方不要離開，不要拋棄自己。

這些女孩不見得不美，只是她們看不見自己的美。她們往往不知道自己的人格特質，更不知道自己的魅力所在。她們對人生藍圖沒有規畫，無法醞釀出明確的理想，並看準自己的目標，腳踏實地去完成。

沒有一個人的生命毫無價值，只是，妳有沒有一雙智慧之眼，去看見自己的價值。人人都說，再好的千里馬都需要遇到伯樂，才能慧眼識英雄，但女孩，我想告訴妳們的是：不要只當一匹千里馬，而是要當自己的伯樂。

剛出社會的妳也許對未來很茫然，不妨用頭幾年看清自己的長處與短處，為自己的人生設定方向；一方面培育自己成為一匹真正的千里馬，一方面也積極為妳的未來做規畫，讓自己成為看得見自己的伯樂。

把妳自己打造成一個獨一無二的品牌吧！當妳為「妳自己」這個個人品牌，創造出精品的價值，當妳對人生充滿熱情，當妳的內涵逐漸豐富，當妳的眼光更加精準，妳的光芒會自動為妳帶來更多的事業可能，妳的氣質更會為妳篩選圍繞在身邊的人。

把時間用在對的地方，是一件非常重要的事

如果妳現在正年輕，有大把青春可以揮霍的時候，搞清楚自己的價值，把時間用在對的地方，是一件非常重要的事。

很多二十幾歲的女孩，剛從校園踏入真正的職場，也開始在更為現實的世界裡發展戀愛關係。許多人沒有豐富的經驗，卻總覺得自己是一塊尚未被打磨的璞玉，幻想著身邊出現一個懂得賞識自己的白馬王子，把自己從平凡的世界裡打撈出來，琢磨成真正的美玉。

這種「麻雀變鳳凰」的情節，在小說、偶像劇、電影裡面俯拾即是。

但問題是，妳真的是一塊美玉嗎？還是妳只是一塊想成為玉佩、鑽石，卻因為禁不起高溫的考驗，最後變成半吊子的石頭？妳已經是一匹千里馬了嗎？還是只是一匹誤以為

自己是千里馬的驢子？

不久前，我在網路上看到一篇文章，內容是有位女孩參加
了一場特別的相親會；有資格參與的人，不是在社會上擁
有高薪、高學歷的菁英，就是出身於背景雄厚的家庭。女
孩震驚地發現，原本以為條件不差的自己，在那一場相親
活動裡，別說想要釣到所謂的金龜婿，事實上，她連選擇
的機會都沒有！因為那些真正的菁英，對自己的另一半也
有一定程度的要求，而自己論才貌、論收入，連對方的最
低標準都搆不到。

我想起以前流傳在網路上的一句名言：「寧願在 Audi 上
哭泣，也不要在 Toyota 上放空。」

一直到現在，網路上仍可以看到不少女孩不願意更踏實地
自我成長，認為自己是落難的灰姑娘，只需要依賴神仙教
母的魔法，就能夠利用青春美貌換取王子的青睞，在愛情
中換取物質的滿足，甚至認為男性給予各種物質的條件才
能代表愛。於是，許多女孩們計較著男友是否有足夠的薪

水、在生日的時候有沒有送名牌包包，在交往的時候就開始評估對方的身家，薪水多少、有沒有房子、車子。

但，當妳嫌棄男人薪水不夠，或期盼邂逅一位高富帥時，是否曾經思考過：當妳除了青春美貌卻沒有其他思想或才華，一個受到高等教育的菁英，或是事業有成、家學淵源的王子，是否會在茫茫人海中看見妳？若妳只是路邊一顆石頭，有什麼能力和寶石一起陳列在櫥窗裡？一個真正從內到外都富有的男子，有可能突然欣賞一個缺乏內涵、毫無理想，只崇尚奢華享受的女孩嗎？

一顆以為自己是鑽石的木炭，一匹以為自己是千里馬的驢子，又怎麼能期待有一位伯樂看見妳，並能夠慧眼識英雄？

親愛的女孩，我從來不是說物質條件不重要，更不是要貶低或物化女性。

如果妳用心讀完這本書，就會知道我有多麼重視女孩們的

價值。我寫下這些文字，想告訴女孩們的真心話是——

妳不能總是向外求，而沒有回頭看自己。如果妳想要獲得一顆鑽石，就靠自己的努力買下它，這麼一來，妳才能成為它的主人，而不是被它所控制。同樣的道理，如果妳渴望獲得一位內外兼備的鑽石伴侶，那麼，就先讓自己成為一顆鑽石，妳才能真正在這段關係裡獲得平等，而不是被對方的光芒所掩蓋。

物質生活是重要的，沒有足夠經濟條件的婚姻，很容易在現實的壓力下，消磨掉兩人的感情。問題是很多女孩對伴侶的經濟狀況要求很高，卻很少反過來用同樣的標準要求自己。

有句老話說：「沒有醜女人，只有懶女人。」這句話，放在人生成就上也一樣。如果妳總是抱怨自己胖、不會打扮，但始終提不起勁，無法下定決心減肥、學習穿搭，那麼妳永遠只會停留在抱怨的層次，這個世界上不會突然冒出一個神仙教母，用仙女棒點一點，就讓妳成為身材火辣

的大美女；同樣的，如果妳只知道抱怨男友沒錢，幻想路邊撿到一個霸氣總裁，發展出麻雀變鳳凰的劇情，卻從來不願意好好規畫自己的人生、充實自己的內在與外在，那麼真正的鑽石男人，是不會看見妳的。

當妳想要什麼，別期待任何人平白無故給妳，妳得先努力讓自己搆得到；努力，不代表妳能夠擁有一切，但當妳不努力，妳就毫無機會擁有。

每個人的青春都是有限的。當妳任意揮霍妳的青春，時常抱怨男友賺錢太少，一心幻想有個菁英能供養妳時，有些充滿想法的女孩，已經開始運用自己的青春資產，有效率地朝著夢想前進。

她們認真在專業上精進，踏實規畫短程到長程目標，並且學習投資理財……最後，當妳還在作白日夢的時候，她們已經為自己賺到一桶金，成為買得起鑽石、華服，有房、有車的鑽石女人。

一個懂得投資自己的鑽石女人，不需要黃金單身漢的眷顧，因為她完全有能力供應自己想要的生活；同時，她也才有更多的機會與資格，挑選站她身邊的伴侶。

所以，當妳感嘆自己得不到伯樂，或是沒有鑑定師慧眼看見妳這塊璞玉時，先檢視自己到底是不是真正的寶石、是不是真正的千里馬吧！如果妳還不是，就讓自己耐得住高溫與高壓的磨練，投資自己、琢磨自己，讓自己成為一顆閃閃發光的寶石。當妳真正成為一顆寶石，那麼，毋須等待另一個人的賞識，妳自然會在人群裡璀璨發光。

擁有愛情，不代表擁有全世界

年輕的時候總以為，擁有愛情就是擁有全世界。

而在妳逐漸成熟之後，妳才會知道，當妳的眼光只能專注於愛情的時候，妳等於失去了一整個世界。

在網路上看到一個故事：有個自信美麗的年輕女孩，認識了一位學成歸國的青年才俊，這段關係讓身邊許多親朋好友都十分羨慕。

然而，交往了幾個月之後，女孩原本自信的丰采消失了。她在一次聚會裡，難過地問閨密：「我怎麼從來不知道，自己是這麼糟？」

女孩雖然來自平凡的家庭，但依靠自己的努力，成為了公司的優質員工，身材和外貌都維持不錯，穿搭也相當時尚、具有個人特色。究竟是什麼原因，讓一個向來自信的

女孩，說出自我否定的話語？

原來，女孩與這位心儀的青年才俊，並不是一起跳著雙人舞，而是演了齣似是而非的獨角戲。

每當女孩精心裝扮自己，跟男友見面的時候，男友從來沒有表示過欣賞，甚至嫌棄她：「沒有那種身材，還敢穿得這麼招搖。」於是她傷心地把那些彰顯身材的洋裝默默地收入衣櫃深處。

當女孩拚命找話題跟男友聊天時，男友時常冷淡以對，有時甚至不理不睬，還會嘲諷她說話沒有半點內涵，只懂得在他耳邊聒噪。

對方說喜歡黑直髮，她於是將原本微捲的焦糖髮色染黑、燙直；對方喜歡穿著保守的乖女孩，她於是扔了短裙、細肩帶。為了跟對方有話題聊，不斷鑽研對方的喜好，精心籌備生日禮物，或是運用各種關係代購他喜愛的球隊明星代言的球鞋……

她愛得很累，而他卻很少肯定她所做的一切。對他來說，她不過就像是個可有可無的配件，隨時都有可能被取代。讓我覺得有趣的是，很多女孩受到良好的教育，擁有優秀的學歷、不錯的收入，但往往在談了戀愛之後，開始變得患得患失，在意伴侶的眼光，勝過自己所認定的一切。

這類女孩常常在談戀愛的時候，把自己打造成「最適合對方的產品」，然後期盼對方更愛自己、更肯定自己存在的價值。並且，她們在結婚之後，也往往刻意要符合一個「賢妻良母」的形象，期盼讓先生、公婆，都能夠滿意她們對家庭的付出。

千辛萬苦，她們收斂起自己的活潑奔放，她們隱藏起自己的妙語如珠，她們修改了自己的穿著打扮，她們甚至扭轉了自己的習慣興趣……慢慢變成一個不像自己的角色，一個男人身邊大同小異的配件。

為什麼這些原本聰明、活潑的女孩們，容易在戀愛與婚姻當中，把自己扭曲成一個可有可無、沒有特色的配件呢？

有一個詞彙叫做「隧道效應」，是說當一個人太專注一個
方向的時候，焦點過度集中，就像在隧道裡面，視線只剩
下前方的一小點，反而忽略了其他的人事物。

當我們過度專注在愛情，就容易落入因「隧道效應」產生
的盲點，一心期盼著對方的關注與肯定，最後成為對方的
附庸。

一個評價、一個批判，妳就開始改變自己的腳步，讓自己
隨著對方的眼光起舞。妳以為自己可以用犧牲換取愛，實
際上不但不會獲得他人的尊重，反而會讓自己變得越來越
廉價。

我大學時期認識一個外系的女孩。她在班上成績很好，但
為了不讓心儀的男同學失望，她盡量在每一次的期中期末
考，讓男同學拿到比自己高一點的分數。每一次分組報告
的時候，舉凡男同學的提議，無論是否可行，她總是一律
贊同。

大三時，她如願和這位男同學交往，交往後她居然變得像個賢內助，幫準備考研究所的男友複習、抄課堂筆記、整理歷屆考題，甚至在他蹺課的時候幫他簽到、聽課。

最後，男友如願考上了研究所。

但令人感傷的是，在備考期間，他早已劈腿同班的另一個女同學；而那個女同學與他一同考上了研究所。

可想而知，這段感情傷了她很深。她義無反顧，不惜犧牲自己的睡眠和休息時間，幫男友聽課、整理重點時，男友很可能正翹課和另一個女孩約會，然後靠著她的重點筆記，省下很多讀書的時間，還可能把她整理好的考古題，分享給另一個女孩……

生命如此諷刺，但幸好，這個年輕女孩的精彩之處，在於她並沒有讓自己在這場感情挫折中垮掉，而是把被背叛的傷痕化為前進的動力。她讓自己在最痛的時候，用最快的速度，把那些在戀愛時，被她拋之腦後的課業撿拾起來。

隔年，她憑藉著一股不服輸的衝勁，直接考上國外的研究所，還申請到全額獎學金，朝向更廣闊的天空飛翔。

所以，親愛的年輕女孩們，當妳真正踏入「大人式的戀愛」時，請一定要記得：妳原本應該是高貴的限量版，是獨一無二的精品，而不是廉價的配件。

道理很簡單，但很多陷入戀愛隧道裡、眼睛只看見對方的女孩不明白。唯有當妳經歷過失去，並在這些生命的狂風暴雨中仍不放棄希望，妳才會慢慢從中學會：妳根本無法從愛情中獲得一切。因為，經歷磨難的時候，能夠陪妳走到最後的，其實只有妳自己。

在愛情裡，妳永遠都有選擇權。妳可以選擇成為第一個女孩，讓自己成為男友身上可有可無的吊飾；妳也可以選擇清醒，如同我大學認識的外系女孩，即使狠狠跌了一跤，卻沒有自怨自艾、一蹶不振，反而將那股深陷黑暗中的悲憤，化為強大的力量，用實際行動成就自己。

當妳的眼裡只有愛情，妳可能會失去全世界。然而，當妳的眼光回到自己，好好把自己活成一個珍貴的藝術品；最終，妳甚至有可能在自我實踐的過程中，收穫值得妳真心以對的愛情。

不斷情緒勒索伴侶的人，其實比比皆是

我曾經在粉專談過所謂的「PUA（Pickup Artist）文化」，
中文一般翻譯成「搭訕藝術家」。

PUA 大概出現在 1970 年代，由一些書籍所帶起，起初只
是一個模糊的概念，意指男性如何透過一些心理方面的技
巧，來接近自己心儀的對象。最後，慢慢發展成一個有組
織的教學內容，研發出有系統的心理騙術，甚至形成一個
專門哄騙女性的群體。藉由「獵捕」女性滿足自己的征服
欲、控制欲，甚至達到騙財騙色的目的。

我看到的網路資料裡，很多 PUA 在搭訕時慣用的伎倆，
就是偽裝成高富帥或是充滿才華的憂鬱男子，這類男性
往往散發出與眾不同的魅力，等到順利接近女孩，兩人
發展出良好的關係後，再利用各種貶抑詞，去勾起女孩內
在的自卑感。比如，他們在交往時容易批評女伴的身材和
外形，讓女伴認為自己很差，再藉此展現出自己的優秀條

件，把自己抬高到救贖者的姿態，讓女伴在失去自信之後，以為只有這個男人才會愛她，或是以為只有自己才有能力陪在這個男人身邊，因此被對方控制利用，也不會想要分手。

年輕的妳看到這裡，可能會覺得「怎麼會有人受到這樣的貶低，還可以這麼死心塌地？」很多女孩甚至不認為 PUA 會出現在自己的生活中，也因此從未對這類的人產生警覺。

然而，這個社會相當複雜，感情世界變化萬狀，很多剛從校園畢業的年輕女孩，對愛情總有美好想像，而越是單純乖巧的女孩，越容易成為 PUA 的目標。

所以我寫下這篇文章，就是要提醒年輕女孩，妳不一定會遇到真正的 PUA 組織，但這個社會上沒有學過 PUA 技巧，卻懂得利用人心自卑感、不斷情緒勒索伴侶的人，其實比比皆是。這種類型的伴侶，我稱他們為廣義的 PUA。

今年剛滿 26 歲的 Evelyn，去年終於跟男友分手，但分手的過程非常痛苦，她幾乎是用盡全力才離開了他。

和許多女孩一樣，Evelyn 從不認為 PUA 會滲入她的生活。就在剛出社會的第二年，他出現在她身邊。風度翩翩的外表、優雅的談吐、一點神祕的氣息，再加上名校研究所的光環，讓 Evelyn 很快地為他著迷，陷入美好的戀情幻境當中。

隨著認識的時間越長，他開始在各種燈光好、氣氛佳的場合，一面對 Evelyn 訴說他心中的各種「不為人知」的心事，一面碰觸她的身體、誘發她的欲望，於是與他有了身體上的親密。

但他從來沒有把 Evelyn 視為他的女朋友，也從來沒有真正給予她承諾。他很常對 Evelyn 訴苦，說他孤僻的性格源自於受虐的童年生活，讓 Evelyn 以為他之所以無法承認兩人的關係，是因為童年的陰影，導致他無法信任任何人，只有 Evelyn 能夠靠近他身邊，陪他度過傷痛。

就這麼和他維持這段不明不白的關係長達一年，在這段時間裡，他頻繁嫌她的身材，取笑她行為放蕩，甚至用相當難堪的詞彙來形容她，還對她說如果離開了他，就不會有其他男人能夠接受她。

日復一日的批評、洗腦，讓 Evelyn 越來越自卑，甚至以為他之所以不承認她，是因為她不夠好。

朋友約 Evelyn 聚會，她總是再三迴避，因為他不喜歡這些朋友，更不喜歡她去接觸那些讓她「不聽話」的女性。同時，朋友們也發現，為了他的喜好，Evelyn 開始買了一堆不適合自己的衣服，把自己打扮成他幻想中的洋娃娃。

接著，也不知為什麼，他開始習慣刷她的卡購物，更大搖大擺地搬進她的小套房，沒有共同分攤房租，甚至，要求她把自己努力工作獲得的存款、年終獎金，全拿給他「投資新事業」……

一直在這段關係中受苦的 Evelyn，其實早已察覺這段感情的荒謬，但長期被否定以至於信心瓦解的她，不但不敢拒絕他，連「離開他」這件事都感到害怕。

萬幸的是，Evelyn 的閨密察覺她的不對勁，開始關心她、給她信心，告訴她這並不是一段對等的關係，最後她終於鼓起勇氣結束這段關係。

「也許是因為，我其實打從心裡覺得，自己是不值得被愛的吧！」分手之後，她在我面前大哭了一場，紅著眼眶對我說：「當他不斷說我不夠好的時候，在床上評價我的身材時，我竟然完全認同他所說的，然後自己也一直批評自己，以為他不願意承認我們的關係，是因為我太差。最後，連剩下的一點自信也全部消失之後，他就開始跟我要錢了。

我一直說服我自己，只要給他更多、滿足他的要求，他就會更愛我一點。但我現在才發現，這一切根本是假的。他從一開始就沒愛過我，我只是他滿足各種欲望、吸收金錢

的對象！」

是啊，就像 Evelyn 自己說的，任何一個 PUA 對妳說出這些貶損的話，而妳真的相信了那些話，其實是因為妳自己也認為「我不值得被愛」。所以，妳很努力，想要從他身上獲得愛；他繼續壓低妳的自尊，妳就越想要從他身上獲得救贖，最終越陷越深，嚴重一點可能連房子和存款都消失殆盡。

幸好 Evelyn 沒有把錢全部交給他，也幸好在最痛苦的時候，她沒有完全放下友誼。所以她還是有一些幫助自己的力量，這些朋友幫助她想通，也在她決定一刀兩斷的時候，提供她庇護的力量。

女孩們，當妳出社會之後，妳會遇到形形色色的人，並不像學校環境那樣單純，所以辨別對象、篩選對象，還是必須靠妳自己。

如果妳已經遇過 PUA，也不要因此覺得自己的人生有了

汙點，因為汙點是別人的想法，真正踏出這段扭曲關係的妳，是最勇敢的女孩。

如果妳還沒遇到，也不要太過恐懼，因為 PUA 真正得以下手的對象，往往是內心覺得自己不夠好、不值得愛的女孩。他們行為言語的貶低，是運用心理戰術勾起妳的自卑，如果妳總覺得自己不夠好，那份自卑感就已經為 PUA 鋪路，有時候甚至不用等到 PUA 的到來，妳就可能遇到慣於情緒勒索的伴侶。

所以，真正突破 PUA 蒙蔽的方式，就是「相信，並看見自己的價值」。

同時，不要切斷和朋友、社群的連繫。當妳遇到一個對象，不妨介紹給妳多年的好友、家人，同時觀察他對妳身邊人的態度，從他應對進退當中，觀察他的人格特質，也別忘了打開耳朵，聽取家人朋友們的建議，仔細去檢視對方的狀態。最重要的是，常常為自己鼓掌，給自己大大的擁抱，告訴自己——

「我是個很棒的女孩，我要好好珍惜自己、守護自己，做個充滿自信的女人。」

感受愛的能力很重要，
意識到什麼「不是愛」，也很重要

很多女孩的初戀發生在學生時代，但校園裡一段純純的愛情，在出社會、論及婚嫁之後，往往才能看到所謂的「真相」。我認識很多女孩，包括我自己，在學生時代很容易愛上那些看起來風度翩翩的校草或學霸，到踏入職場或進入婚姻後，才發現愛情能不能通過現實的考驗，跟對方年輕時在校園裡的表現，不一定成正比。

那些眼高於頂、趾高氣昂的，可能讓妳頻頻受傷；而那些看似平凡卻踏實的，卻可能在日積月累之下，慢慢治癒妳的心。

親愛的女孩，我們當然可以多方嘗試不同的愛情，但請一定要記住：喜歡上一個幻象很容易，但要從幻象中看見真實卻很難。離開校園、走入社會之後，我們面對的是房租、帳單，還有各種工作與財務的壓力……「現實」就像一面

照妖鏡，想知道一段關係中，兩人到底適不適合，只要放在血淋淋的現實中檢視，就無所遁形。

問題在於，我們願不願意正視這個「現實照妖鏡」照射下的真相。

曾經，在網路上看到一個故事：

一顆氣球嫁給了仙人掌。他們在一起摩擦、碰撞了多年，弄得自己身上傷痕累累，但氣球一直堅持著。

終於有一天，氣球終於受不了，決定離開仙人掌。

後來，氣球遇到了棉花。棉花對氣球的每一個擁抱，都是那麼的溫暖。

氣球這才明白：不是努力堅持和忍耐，就能換來溫暖；當妳找到對的、適合的那個人，關係也可以變得很輕鬆、幸福。

故事裡面的氣球，並不是沒有經歷所謂的現實。然而，即使在現實的照妖鏡之下，氣球與仙人掌呈現出彼此相互傷害的面貌，她還是寧願在關係裡傷痕累累，總覺得繼續忍耐就能夠獲得幸福。

許多年輕女孩，也像是故事裡的氣球，明明不斷在關係裡受傷，還是選擇忽視自己的痛苦。有的甚至覺得是自己不夠好、不完美，才會遭遇這一切。所以，她們的做法反而不是放手，而是不斷改變自己、遷就對方、討好對方，以為這樣就可以修正一切。

當感情慢慢進入現實，穩定取代了激情，兩人的關係變成一場馬拉松的時候，妳需要的並不是一個虛幻的標竿，而是扎扎實實陪在妳身邊、與妳一起向前跑的隊友。無論兩個人的速度是否一致，你們都能夠看著相同的方向，一起欣賞沿路的風景，並在經歷到各種不同的境遇時，支持著彼此、為彼此加油。

從生命的漫長旅程來說，「偽裝」是一件很辛苦的事。勉

強自己配合另一個人，滿足他的期待與情緒，只是加速消耗自己，對彼此而言，都是一種折磨。

所以，我認為「忍耐」這個以往被歌頌的美德，其實不是維繫感情的王道。三觀不合的愛情，即使是一眼瞬間的相戀，也不過就是短暫的怦然心動。當激情過去，兩人之間的濾鏡消失，妳會發現即使用盡全力，扮演好對方喜歡的樣子，也總是有演不下去的那一刻。

更重要的是，只懂得壓抑的妳，其實並不是在「做自己」，而是在「演別人」；你們的感情，從一開始就是愛上彼此虛幻的角色，而不是真實的樣貌。

在雙方關係裡自我成長的前提是：妳先活出了真實的自己，然後在經驗中慢慢學習溝通的能力，逐漸用更成熟的眼光去看待彼此，共同努力去經營一段關係。但如果在這段關係裡，妳一開始就在演戲，那麼你們事實上從來沒有真正的「相愛」，你們所愛的，不過是對方偽裝後的樣子。

我曾經也以為，忍耐就是維持關係的王道，也曾經在自己的感情中，試圖扮演對方心目中的理想情人。於是日復一日的壓抑，把自己變成了另一個人，以為如此就能夠成為更好的自己。這種角色扮演，不但沒有讓我遇見更好的自己，反而把我推入憂鬱的深淵，最後，甚至連自己是誰都看不清楚，也始終無法得到真正的愛情。

也是經歷過這一切，跌跌撞撞繞了一大圈，才終於認知到自己是誰，也才終於懂得如何對一段不適合的關係放手。所以，我常常會想：如果時光能夠重來一次，我會對年輕的自己說些什麼呢？或者說，我的經驗能對正在看這本書的妳，帶來什麼樣的意義呢？

如果時光重來，我想我會告訴我自己，同時也想告訴每一個，和我當年一樣，拚命在不適合的關係裡忍耐的女孩——

感受到愛的能力很重要，但意識到什麼「不是愛」，也十分重要。

要意識到什麼是「愛」，什麼「不是愛」，需要我們認識「真正的自己」，然後勇敢地在關係裡，成為真正的自己。

妳是誰？妳想成為什麼樣的女人？這個問題，在感情與關係的世界裡，比「怎麼找到適合自己的對象」來得更重要。如果妳在這段關係裡，總是忠實而坦誠地面對自己的心。

妳必須先接納自己的每個部分，願意琢磨自己的缺點，但是不壓抑扭曲自己的本性、不放棄自己的夢想，然後好好地生活。當妳真正接納自己，那個打從心底接納妳的人，才有可能來到妳身邊，陪妳去跑人生的馬拉松，成為妳真正的隊友。

無論是什麼原因，
都請記得，不要放棄自己

愛情是多麼吸引人的一件事，卻也處處充滿陷阱。年輕的妳，難免分不清楚花言巧語和真心實意的區別，很可能傻傻地、奮不顧身地，把自己全部投入一段感情，然後重重地跌了一跤，摔得鮮血淋漓。

但無論是什麼原因，都請記得，不要放棄自己。

無論多麼刻骨銘心的感情，都不應該是妳生命中唯一重要的事。

妳只是在情感上摔了一跤，並沒有失去整個世界。所以，不要為了一段失落的感情，把自己跟世界隔絕起來；更不要為了從一段痛苦的關係中逃離，而慌亂去抓住任何一塊浮木。

某天，T跟我說起她的故事。T是造型設計師，男友是自由工作者，常背著背包在各個城市到處旅遊，累積了豐富的經驗與見識。

認識他的時候，T正處在感情與事業的低潮，當時，她與交往多年的未婚夫已經談到籌備婚禮的階段，但對方父母一直嫌她身為造型師的工作太不穩定，會讓她無法好好照顧家庭，幾次三番明示暗示，希望她在婚姻和事業中做選擇，甚至不惜在T公司舉辦的彩妝活動中鬧場，讓T在老闆和同事面前出糗，差點丟了工作。

未婚夫對他父母的行為不但沒有制止，還要T多忍讓他父母，因為老人家年紀大了，不過是想要抱孫子，甚至未婚夫也跟父母同一陣線，希望T婚後能夠轉職或乾脆辭職……她無法相信，曾經信誓旦旦說要保護她的男子，最終竟然要她放棄自己喜歡的工作，只為了滿足他父母抱孫子的期望。

最終，這樁婚事破了局。更讓T難堪的是，未婚夫在與她

分手後，居然很快地接受父母的安排，跟其他女生相親，不到一年就走入禮堂。

沉浸在痛苦當中的 T，在一次彩妝活動當中，認識了男友。他與她曾經的未婚夫，是完全不同的類型，見聞廣博、幽默風趣，又充滿著神祕感，不善言談的她，很快被他所吸引。也許太渴望被愛、太渴望有人能夠帶她離開痛苦的泥淖，她陷入了他的溫柔當中，接受他的碰觸，與他展開熱戀。

因為造型師工作必須 on call，男友的工作型態卻相當自由。她無法陪他外出流浪，他也無法為了她而停留。有時候他說走就走，沒有留給她一點音訊，消失了一段時間後才又突然回來，讓她對這段感情有很深的不安全感。

可能是因為前任未婚夫的傷害，也可能因為太愛男友，讓她壓抑著自己的不安，盡可能讓他自由。不去干涉、不去過問，試著習慣他每次莫名失蹤、突然回來；習慣在他離開時強顏歡笑，在他突然回來時，不管今天工作有多累，

都還是打起精神為他煮一頓晚餐。因為他曾經對她說，從小父母對他不聞不問，總把他寄養在不同的親戚家，他也習慣被當皮球一樣踢來踢去，只有在 T 身邊的時候，他才能感受到「家」的溫暖。

但是，T 的溫柔體諒並沒有換來他的真心相對。就在某個他又搞失蹤的夜晚，她原本排定的工作因故取消，突如其來的空檔，讓她想著找點事情排遣寂寞，臨時決定去看一場電影。

走入電影院的那一刻，卻無意間看見搞失蹤的男友，親暱地摟著另一個女子，從前一場次走出來。像是電影般的荒謬劇情，讓她完全不敢相信自己的眼睛。

後來才知道，那個對她說，只有在她身邊才能感受到「家」的男友，在許多地方都有一個所謂的「家」，每個「家」裡面都有著不同的女人，被他的才華、被他的溫柔，被他看起來的脆弱迷惑……她第一次深刻感受到，什麼叫做「心碎了一地」。她曾經真心付出、奉獻所有，曾經天

真地以為，她的溫柔最後會讓他停留。但原來她給予的自由，對他來說只是腳踏兩條船的方便；他對她說過的親密話語，恐怕也曾對不同的女人說。

為什麼會這麼傻，去相信他的謊言呢？T不只一次問自己。

可能是被未婚夫傷透了心，才愛上一個與未婚夫截然不同的人，但太想要透過另一段關係拯救在前一段關係裡摔成碎片的自己，卻讓她好不容易拼湊起的信心，又再一次瓦解。

後來的日子，她覺得自己失去了愛人的能力，無論遇到任何對她有好感的人，她無法再給出信任，她害怕自己好不容易修補起來的心，再一次被狠狠地踐踏……

這樣的故事，在城市的各個角落裡上演。

我們像是在情感海洋中浮浮沉沉、渴望著攜手搭上一艘名

為「穩定」的船，告別在汪洋中載浮載沉的日子。然而，海洋總是變幻莫測，好不容易爬上船的妳，也有可能不小心觸礁而翻船。

有的時候，太過渴望逃避某個狀態，或是太想逃離某段關係的妳，匆匆忙忙跳上另一艘船；有的時候，因為感情觸礁、翻船而受傷的妳，害怕再度落海而被寂寞感溺斃，急忙抓住眼前漂來的木板……摔得太重、傷得太痛，往往讓我們失去判斷能力，還沒想清楚就再次投入一段不適合的關係裡，即使對方無法給妳真正的安穩，妳還是委屈自己留在他身邊。

我自己就曾經被婚姻狠狠摔碎，用心付出卻沒有得到回報，生了兩個孩子卻仍然活得卑微。我跟每一個在愛情中迷失的女孩一樣，在年少單純的時刻，傻傻地上了婚姻這艘船、傻傻地以為可以一路航向生命的終點，但也因此傻傻地受傷、傻傻地為了麻痺那種失敗的痛苦，拚命抱住眼前的浮木，卻讓自己陷入更大的暴風圈之中……那些為了逃避傷心而拚命工作的日子，還有那些一個人喝著悶酒淚

流滿面的夜晚，現在想來都還歷歷在目。

但隨著時間的過去，我試著把自己沉澱下來，終於意識到，在每一段感情走到終點的時候，比起逃避問題，我們更應該做的是：給自己時間好好去療傷，然後重新整理自己。

沒有勇氣靠自己的力量走下去，或是不敢面對看似失敗的自己，很容易倉皇地找到一塊浮木就攀上去，渴望由另一個人來拯救自己。然而，當妳急切想要擺脫現狀，隨便找了個人來愛，沒有靠自己的力量站起來，代表妳並沒有接納真實的自己，反而容易遇到更差的對象，掉入另一個深淵。

所以，在一段感情結束的時候，妳必須好好整理自己的心情、思緒，然後重新在前一段感情的經驗中，再次認識自己。看見自己真正想要的是什麼，才能真正從谷底中重生。

最後這一段，要送給每個曾經或正在經歷感情挫折的女孩——

親愛的，妳只是失去一段關係而已，妳沒有壞掉，妳依然好好的。

從很短的時間來看，妳會覺得自己的世界像是遭遇一場海嘯。但是，從整個人生來看，其實妳不過只是跌了一跤，摔了一身泥濘。妳很痛，妳需要時間來療傷。

妳以為的破碎，從人生的長河來說，其實是一種完整。妳以為補過的心已不再美麗，但其實每一個破碎後再修補的痕跡，都是一種燦爛的歷練；每一道刻痕，都會讓妳成為更成熟的自己。

好好的療傷，從那些傷痕裡去看見更美好的自己。不要勉強自己信任誰，而是在每一道傷痕裡，練習更信任自己。妳依然好好的。傷過痛過的妳，一旦知道妳真正要的是什麼，妳還會變得更好。

所以，當沒有人疼愛妳的時候，先學習好好憐惜這個陪妳
歷經風雨的自己。

妳可以失去很多人，但千萬不要失去自己。
妳可以對某個人失望，但永遠不要對自己失望。

因為，妳才是妳的全世界。

萬物皆有裂隙，那是光進來的地方

There is a crack in everything.

萬物皆有裂隙

That's how the light gets in.

那是光進來的地方

——Leonard Cohen〈Selected Poems, 1956-1968〉

這本書從 2020 年中開始動筆，初稿完成是 2021 年的年底，足足寫了一年半。

這一年半，對我來說是一段特別的時光。一部分的我，因為診所從草創階段，慢慢開始生根、茁壯；一部分的我，終於在傷痕過後，勇敢敞開心扉，接納一段新的感情，並迎接我的第三個孩子出生。

生活有點忙亂，但也很充實；有點疲倦，卻很滿足。我一邊創業，一邊育兒，一面透過書寫整理自己。曾經在暴風雨當中，碎成一片片的心，被工作、被生活、被我所愛且愛我的每個人，慢慢修補、縫合，最終成為一個全新的自己。

這個全新的自己，並不完美。但經歷了那場鋪天蓋地的大風雪後，曾經追求極致完美的我，終於理解到：完美，並不是刻意營造出一種純白無瑕、毫無缺憾的人生；為了別人嘴裡的肯定，為了別人眼裡的讚賞，而拚命去維繫一段不適合的關係。

金童玉女的人設、表面的和諧，從來不是真正的完美。我們都不是彼此生命中那個「對」的人，但我太晚意識到這個事實，以至於前一段婚姻一直到了最後，都還在彼此消磨。

後來，輿論的雪上加霜，讓我曾不只一次問自己：如果在婚姻的一開始，或是還沒走入婚姻的那個時候，那個因為年輕、對婚姻充滿幻想的我，能夠早一點懂得自己要的是什麼，懂得理性處理婚姻的各個面向，那麼，一切會不會有所不同？

當然，我的人生已經走到這裡，不可能再重來，但也許我可以把自己在挫折中所累積的心得，還有跌到最低潮之後，使盡力量爬起來的勇氣，透過我的文字傳遞出去。

這也是為什麼，在編輯的鼓勵下，我決定寫這本書的原因。想寫給年輕時的自己，也想寫給我即將進入青春期的女兒，更想寫給社會上許許多多、努力符合社會期待、認真尋求理想婚姻的女孩。

工作也好，家庭也罷，當我們一直追求一種被社會所制約的「完美」標準，就很容易用這種價值標準，硬套在自己和對方身上。妳逼迫自己當個好女兒、好妻子、好媽媽，與伴侶演出一場「我的家庭真可愛」的美好話劇，成為劇本裡面的一個「角色」，而不是活生生的人。

然而，刻板印象裡的角色設定，不見得適合每一個人；即使妳演技超群，也不可能偽裝一輩子。所以，希望讀這本書的每一個女孩，在踏入這個有如大染缸的社會職場，或是面對充滿傳統觀念的婚姻世界之前，能夠看見自己的本質；然後用一種學習的心態，去接納可能發生的種種難關，妳會發現，現實並沒有妳想像得那麼糟，妳也沒有妳想像得那麼脆弱。

當年，就在輿論壓力幾乎把我燒成灰燼的時候，我一個人窩在家裡流眼淚，想過離開臺北回到家鄉去執業，也想過乾脆離開臺灣，到其他地方重新開始……所有的負面念頭跑一輪之後，我想起我的兩個孩子，當下我就決定不逃走了。

如果我不站起來，將來孩子會怎麼看待我呢？我不能倒在這裡，我要給孩子做一個榜樣！

憑著這股信念，我鼓起勇氣，開始執行籌備診所的計畫。這個開業計畫，原本被我放在很久很久以後，那時，我總想著在原先的職位多做一段時間，就可以多存一點資金，這樣開診所的風險會小一點。但在這個風口浪尖上，憑著一股不想被打倒的意志，全心全意投入「璞之妍」開業的各個細節。換了一種思維，像是換了一顆腦袋，逆境，不再是一種困境，變成了一種助力；我得以在這段時間好好沉潛，把創業計畫直接提前了好幾年。

在「璞之妍」開幕之後，原本沒有預期成敗的我，意外得到好多的支持。有些是原本一直在我身邊的客戶兼好友，有些是粉專上與我一同成長的女人。妳們讓我看見希望，也讓我更加相信：即使一時受到委屈，一時不被諒解，只要堅定走在對的道路上，不斷從經驗中調整自己，那些對的人終究會來到妳身邊。

把生命的各種遺憾視為常態，把人生道路上的各種跌跌撞撞當作鍛鍊。在每一次的創傷之後，給自己時間去修復；然後在這些創傷之中，練習多看見自己一點點，多靠近自己一點點，重新認識那個布滿傷痕卻依然美麗的自己。

「完美」從來不是人生的常態，「王子與公主從此過著幸福快樂的日子」更不是婚姻的真相。妳的努力不見得會被看見，妳問心無愧卻仍有可能被誤會。但今天的成熟往往來自於昔日的磨難，就如同年輕孩子愛玩的手機遊戲一樣，生命也總有一道道的關卡要破、一個個的 boss 要打，只有經歷過重重考驗，妳才能不斷升級，成為真實生命的勇者。

當妳接納了這個平凡、踏實，但並不完美的自己，或許妳也會跟我一樣，終於清楚意識到──其實根本沒有所謂真正的「完美」；或者說，那些看似不完美的一切，其實就是人生最完美的面貌。

真實的生命，一定有裂痕，妳永遠不可能毫無創傷。但，不完美又何妨？「萬物皆有裂隙，那是光進來的地方。」

Love 004

離開 或許才是真幸福

作　者	蔡佳芬
編輯協力	李映青
裝幀設計	犬良品牌設計
校　稿	林芝
攝　影	蕭希如
行銷企劃	黃禹舜
營業專員	蔡易書
總編輯	賀郁文

出版發行	重版文化整合事業股份有限公司
地　址	台北市北市大安區敦化南路 2 段 46 號 13 樓之 8
電　話	(02) 2517-6139
臉書專頁	www.facebook.com/readdpublishing
連絡信箱	service@readdpublishing.com

總經銷	聯合發行股份有限公司
地　址	新北市新店區寶橋路 235 巷 6 弄 6 號 2 樓
電　話	(02)2917-8022
傳　真	(02)2915-6275

法律顧問	李柏洋
印　製	凱林彩印股份有限公司
裝　訂	同一書籍裝訂股份有限公司

一版一刷	2022 年 02 月
定　價	新台幣 350 元

國家圖書館出版品預行編目（CIP）資料

離開，或許才是真幸福 / 蔡佳芬作 . -- 一版 . -- 臺
北市 : 重版文化整合事業股份有限公司 , 2022.02
　面；　公分 . -- (Love ; 4)
ISBN 978-626-95485-4-5(平裝)

1.CST: 自我肯定 2.CST: 生活指導 3.CST: 女性

177.2　　　　　　　　　　　　111000593

版權所有 翻印必究
All Rights Reserved.